Michael Buchrainer, Jahrgang 1950, studierte zunächst Architektur, ehe er sich ganz der Musik zuwandte. Er ist Gitarrist, Komponist und seit 1977 am Landeskonservatorium für Vorarlberg auch pädagogisch tätig. Der Autor ist verheiratet und hat zwei Söhne, denen er dieses Buch gewidmet hat.

Die Beschäftigung mit den Menschenrechten und der dabei immer wieder bemühten religiösen Menschenrechtsrhetorik, aber auch die in diesem Zusammenhang heftig geführte Beschneidungsdebatte des Jahres 2012, wie auch die ganz allgemeine Abwertung der Frau in Bibel und Koran, waren Anlass, die moralischen Defizite dieser „Heiligen Bücher" im Vergleich zur humanistischen Ethik der Menschenrechte aufzuzeigen, um einer interessierten Leserschaft einen einführenden Überblick zu dieser Thematik zu verschaffen.

Für meine Söhne David und Thomas

Michael Buchrainer

Menschenrechte unter Vorbehalt

Kritik christlicher und islamischer Menschenrechtsrhetorik

tao.de

1. Auflage 2015

Autor: Michael Buchrainer

Printed in Germany

Verlag: tao.de in J. Kamphausen Mediengruppe GmbH, Bielefeld, www.tao.de eMail: info@tao.de

Bibliografische Information der Deutschen Nationalbibliothek: Die Deutsche Nationalbibliothek verzeichnet diese Publikation in der Deutschen Nationalbibliografie; detaillierte bibliografische Daten sind im Internet über http://dnb.d-nb.de abrufbar.

978-3-95802-398-7 (Paperback)
978-3-95802-399-4 (Hardcover)
978-3-95802-400-7 (e-Book)

Inhaltsverzeichnis

Vorbemerkungen

In dieser Arbeit werden jene religiös-missionarischen Behauptungen in Frage gestellt, die uns suggerieren wollen, dass es für moralisch-ethisches Verhalten notwendigerweise einer religiösen Weltsicht bedürfe. Darum sollen hier die moralischen Defizite in Bibel und Koran im Lichte der humanistischen Ethik der Menschenrechte in komprimierter Form dargestellt werden.

Die Wortwahl mag vielleicht manchmal als zu angriffig empfunden werden, doch halte ich es dennoch für notwendig, gerade in Sachen Religionskritik Klartext zu schreiben, da Theologen aller Couleur sich im Besitz ihrer jeweils absoluten Wahrheiten wähnen und ihre letztlich unhaltbaren Argumente durchaus in vehementer bis abgehobener Polemik gegenüber Andersdenkenden artikulieren. Sie glauben dabei, ihre eigene Prätention dadurch verbergen zu können, dass sie diese auf ihre Kritiker projizieren. So verschleiert auch die anmaßende Behauptung, ihr Weltbild habe einen weitergehenden geistigen Horizont als das jedes Andersdenkenden, die Tatsache, dass ihr theozentrisches Weltbild ganz im Gegenteil vielmehr eine ideologische Einengung ihres eigenen Denkens zur Folge hat, indem es ausschließlich auf ihre Denkfigur Gott bezogen bleibt und damit schlussendlich immer nur auf ein behauptetes Jenseits rekurriert. Und besonders jene Menschen, die unmündigen und nicht einwilligungsfähigen Kindern einen wesentlichen Teil ihrer Lebensfreude im wahrsten Sinne des Wortes „beschneiden", muss man schon gar nicht mit Samthandschuhen anfassen.

Ich gehe von der begründeten Überzeugung aus, dass es für ethisches Handeln keines religiösen Glaubens und schon gar nicht einer Berufung auf althergebrachte „heilige" Texte bedarf. Jene aber, die schlichten Gemüts und jenseits aller Logik behaupten, dass auch Nicht-Glauben als Glauben zu gelten hätte, beweisen auch hier nur, dass sie in der ihnen eingeimpften religiösen Weltanschauung verhaftet sind und daher auch nicht in einen ergebnisoffenen Diskurs über menschenrechtliche Fragen eintreten können oder wollen. Daher greift auch der stereotype Einwand, auch der „Atheismus"[1] sei Religion, ins Leere. Beweise oder eine Rechtfertigung zu erwarten oder gar einzufordern, noch bevor überhaupt etwas geglaubt oder behauptet wird, ist keine sinnvolle Prämisse. Es ist aber sehr wohl dogmatisch, etwas zu glauben oder zu behaupten, wofür es keine Beweise gibt. Allerdings kann auch keine noch so absurde Behauptung widerlegt werden. Die Existenz von irgendwelchen Gottheiten zu behaupten, nur weil auch deren Nicht-Existenz nicht bewiesen werden kann, bewegt sich eben nicht auf der gerade von Theologen immer wieder eingeforderten „extrem hohen Reflexionsebene". Während man einerseits von jeder Religionskritik ganz selbstverständlich eine Pflicht zur Rechtfertigung erwartet und auch einfordert, wird andererseits für religiös-dogmatische Behauptungen mit oft ebenso bemerkenswerter Selbstverständlichkeit ein rechtfertigungsfreier Raum beansprucht, es sei denn, man würde die Berufung auf archaische „heilige" Texte und die daraus abgeleiteten Vorschriften als eine ausreichende Legitimation akzeptieren.

Selbstverständlich sind jene Menschen zu respektieren, die sich innerhalb einer Religion geborgen fühlen, suggeriert diese doch immer Trost und Lebenshilfe, auch wenn es letztendlich nur das Wunschdenken nach einer erhofften Erlösung in einem angeblichen Jenseits bedeutet, während sich die Mächtigen dieser Welt ihr Paradies schon im Diesseits bequem einrichten und sich mitunter prätentiös auch noch als von ihrem Gott Auserwählte betrachten.

Die Grundlagen jeder religiösen Lehre dürfen und müssen aber sehr wohl immer wieder einer kritischen Analyse unterzogen werden. Dass manche Gläubige dies als arrogant und

[1] Der Einfachheit halber verwende ich hier diesen Begriff, auch wenn ich jede Negativ-Definition über welch ideologische Begriffe auch immer grundsätzlich ablehne.

beleidigend empfinden, dürfte eher der Projektion ihres eigenen absoluten Wahrheitsanspruchs geschuldet sein, besonders dann, wenn aus diesem Anspruch, ein gottgefällig geregeltes Leben zu führen, auch noch ein „glaubensgewisses" Gefühl der Überlegenheit resultiert.

Ebenso wird gerade Nicht-Glaubenden immer wieder unterstellt, sie hätten weder „Nächstenliebe" noch „Verantwortlichkeit" oder „keine Moral", als ob diese Eigenschaften ausschließlich religiösen Menschen vorbehalten wären. Die historischen wie auch gegenwärtigen Realitäten zeigen uns leider nur allzu oft das traurige Gegenteil. Die Universalität und auch Unteilbarkeit der Menschenrechte darf daher nicht durch irgendwelche partikularistischen Ansprüche in Frage gestellt werden.

Die Zeichen der Zeit stehen leider wieder und kaum verhüllt auf Gegenaufklärung, die die Errungenschaften von Humanismus und Aufklärung wieder in Frage stellen möchte. Freiheit, Gleichberechtigung und ein demokratischer Rechtsstaat auf Basis der Menschenrechte bedürfen jedoch keiner metaphysischen Rechtfertigung und müssen die Grundlagen für unser aller Zusammenleben auf diesem Planeten werden. Wir sollten uns engagiert dafür einsetzen, dass unsere Zukunft nicht wieder eine Reise in die Vergangenheit wird!

Einführung

Die Allgemeine Erklärung der Menschenrechte von 1948 - ist sie allein schon auf Grund ihres Anspruchs auf Allgemeingültigkeit ein Dogmenkatalog, Ideologie oder gar wieder nur eine neue Religion mit dem Gott Mensch, wie manch fromme Glaubenshüter eifersüchtig argwöhnen? Wollen diese Rechte wieder einmal mehr eine neue absolute „Wahrheit" parareligiös-performativ verkünden?

Diese Einschätzung greift allerdings wesentlich zu kurz. Ein grundlegender Unterschied zu jeder Argumentation der frommen Anwälte ihres jeweiligen Gottes, die auch noch Anspruch auf eine moralisch-ethische Deutungshoheit über die Moralvorschriften und Lebensregeln aller Bürger erheben, besteht schon darin, dass die Menschenrechte in *positiven* Formulierungen den einzelnen Menschen in seinen ganz persönlichen Individualrechten, sowie auch die Rechte von Minderheiten eben genau vor solch kollektiv-totalitärer Bevormundung schützen (wollen/könnten). Sie bedürfen daher auch keinerlei metaphysischer Begründungen aus einem behaupteten Jenseits, die ebenso vielfältig sind wie die Anzahl der sie vertretenden Religionshüter. Die „heiligen" Texte sind noch dazu denkbar ungenau, widersprüchlich wie missverständlich und lassen, wenn konsequent ernst genommen, im Grunde kaum eine wie immer geartete ethische „Evolution" zu. Eine solche musste erst durch Humanismus, Aufklärung und die Durchsetzung von Demokratie und Menschenrechten hart erkämpft werden. Daher stehen auch die Weiterentwicklung der Menschenrechte und deren Legitimation durch einen damit verbundenen international-demokratischen Diskurs, wie auch das diesem zugrunde liegende humanistisch-positive Menschenbild im Gegensatz zu partikularistischen Kulturalismen wie auch religiösen Dogmatismen und der damit immer auch verbundenen Anmaßung eines exklusiven Wahrheitsanspruchs.

Allerdings können die Menschenrechte einer „Kultur" auch nicht aufgezwungen werden, obwohl angenommen werden darf, dass Widerstand wie immer vorwiegend von den meist nicht demokratisch legitimierten, weltlichen wie religiösen Machthabern und damit auch selbsternannten „Kultur"-Verwaltern zu erwarten ist. Man kann aber in der Annahme ziemlich sicher gehen, dass die Mehrheit dieser so in ideologische Geiselhaft genommenen Bürger sich sehr wohl mit den immer wieder und insbesondere von Seiten des politischen Islam als „westlich-europäisch" diffamierten Menschenrechten identifizieren kann und will. Wichtigste Voraussetzung dafür wäre aber, dass neben Bildung den Menschen auch das Wissen um die ihnen zustehenden Rechte vermittelt wird.

Andererseits berufen sich aber bemerkenswerterweise gerade diese religiös-kulturellen Agitatoren in Europa und anderen „westlichen" Staaten immer dann auf diese Rechte, wenn es um ihre eigennützigen Interessen geht, die aber im Gegensatz dazu gerade in ihren eigenen Ländern nicht allen Menschen zugestanden werden. Dass aber umgekehrt die Forderung nach Einhaltung der Menschenrechte in Beziehungen zu eben diesen Staaten oft erst dann erhoben wird, wenn vor allem wirtschaftliche Interessen auf dem Spiel stehen und als Legitimation für Interventionen herangezogen wird, ist allerdings ein ebenso trauriges Kapitel politischer Doppelmoral und Heuchelei. Diese Argumentation ermöglicht es dann diesen Staaten, die Menschenrechte als „Missbrauch" zu diffamieren, was den Menschenrechten als solchen aber wohl nicht angelastet werden kann.

Die Allgemeine Erklärung der Menschenrechte ist weder eine Ideologie im pejorativen Sinne noch eine neue „Religion", sondern im Gegenteil als ein demokratisch entwicklungsfähiger, wie auch positiver und zeitgemäß lebbarer Ideenkatalog eine der erfreulichsten zivilisatorischen Errungenschaften der Menschheit, deren ethischer Standard durchaus weltweite Geltung beanspruchen darf, indem sie als eine für alle Menschen verbindliche Grundlage für eine hoffentlich bessere Welt dienen kann.

Heilige Bücher und der Wille Gottes

Was am Gottesglauben aller Religionen immer wieder ganz besonders erstaunt, sind die Behauptungen ihrer Apologeten eines angeblich Übernatürlichen, dass sie – selbstverständlich alle mit ihrem jeweils exklusiv-absoluten Wahrheitsanspruch – auch noch wüssten, was ihre Gottheit so alles denke und sich wünsche:

> „Gottes ewiger Plan" – „Gottes Wille ist es, ...; Gott lädt uns ein, ...; Gott ist glücklich, wenn...; er ist betrübt, wenn...; ... ist Gott ein Gräuel" – „dieser Gott ... hat sich geweigert?" – „für Gott ... steht ... an erster Stelle ..." – „Gott kümmert sich sehr um uns Menschen, und jedes menschliche Leid, jeder Schaden ... gehen ihm sehr nahe."[2]

Die Predigten und Ansprachen der Kleriker aller Religionen leben davon und begründen damit letztlich immer ihre religiös-moralischen Ansprüche, die sie aus ihren jeweiligen „Heiligen Büchern" ableiten. Dass diese Bücher, wie auch alle anderen dieser Welt, schlicht menschlichen Ursprungs und nicht göttliche Offenbarung sind, mögen zwar die letzten, wenn auch noch zahlreichen Unbelehrbaren bezweifeln, ändert aber nichts an der Tatsache, dass sich darin – kultur- und sozialhistorisch zwar bedeutsam – letztlich doch nur Mythos, Erfindung, Behauptung und Polemik ein literarisches Stelldichein geben[3], inklusive aller Widersprüche und Fälschungen (Papst Benedikt XVI. dazu euphemistisch: „stille Korrekturen, Vertiefungen und Ausweitungen"[4]) oder auch der sogenannten Abrogationen[5] im Koran.

---

[2] Beispielhaft aus Robinson, Geoffey: *Macht, Sexualität und die katholische Kirche:* Seiten 82 – 84 – 127 – 160 – 206

[3] Vgl. Köster, Barbara: *Der missverstandene Koran*: S. 235

[4] Ratzinger, Joseph: *Jesus von Nazareth – Erster Teil:* S. 17

[5] Die Aufhebung einer rechtlichen Bestimmung des Korans oder der Sunna durch eine andere, nachfolgende Bestimmung aus Koran oder Sunna. Koran:

Aber wir können in demselben Buch von Bischof Geoffrey Robinson (FN 2, S. 12) auch überrascht lesen:

> „Wenn Menschen behaupten, sie kennten die Gesinnung Gottes genau, ist dies immer problematisch. [...] Wo sind dann die Beweise?“[6]

Und folgende Aussage, die offenbar ebenso nicht zu Ende gedacht werden will, ist noch erstaunlicher und ein kontradiktorisches Theologenkunststück:

> „Was hindert uns, den Grundsatz der Logik anzuwenden: «Was frei angenommen wird, möge auch frei bestritten werden?»“[7]

Was nun die Bibel betrifft, so hat die moderne Forschung für das Alte Testament längst den Widerspruch zwischen Glauben und historischen Ergebnissen erwiesen und dessen Texte als fast ausschließlich aus historischen Geschichts*bildern*, kerygmatischen [der Glaubensverkündigung dienende] Dichtungen“[8] bestehend erkannt. Auch hat die historische Kritik den Gebrauch, oder besser: den Missbrauch des Alten Testaments durch die Verfasser des Neuen Testaments aufgedeckt und damit die christologische Exegese widerlegt, dass das Neue Testament die Erfüllung des Alten Testaments bzw. dieses die Vorabbildung des Neuen Testaments sei.[9] Dazu *Der Katechismus der Katholischen Kirche* (1993):

„Verwerfen wir gegebene Zeichen des Buches oder heißen wir sie vergessen, so gibt unsere Offenbarung gleich Gutes dafür oder Besseres.“ (2,107); Koran: S. 31, FN 27: „Auf Angriffe rechtfertigt hier Mohammed Widersprüche, Widerrufe, Auslassungen, die im Koran vorkommen. Über 200 Verse wurden abgeändert.“

[6] Robinson: S. 205

[7] Ebenda: S. 206

[8] Lüdemann, Gerd: *Altes Testament und christliche Kirche:* S. 176

[9] Vgl. Ebenda: S. 196 f.

„Das Alte Testament bereitet das Neue vor, während dieses das Alte vollendet. Beide erhellen einander; beide sind wahres Wort Gottes." (KKK 140)

Auch die Authentizität des Koran in seiner bisher anerkannten Form hat die wissenschaftlich-kritische Islamforschung längst infrage gestellt. Auf die Ergebnisse, dass die extrem defektive Schrift des Korans nicht mit einem behaupteten Altarabisch, sondern höchstwahrscheinlich mit dem Syro-Aramäischen zu vokalisieren wäre und sich damit möglicherweise gar als ein christliches Lektionar erweisen könnte, soll hier nur hingewiesen werden.[10] Etliche Koranstellen erhielten dadurch jedenfalls eine weitaus plausiblere Bedeutung.[11] So würden etwa die Jungfrauen (Huris) im Paradies (44,55 und 52,21) zu weißen kristall(klaren) Weintrauben[12], die vermeintliche Kopftuch-Vorschrift (24,32, S. 99) sich zur sittlich wohl sinnvolleren Aufforderung wandeln, die Gürtel um die Lenden zu schlagen.[13] (Gegen die sexuelle Belästigung von sogar verschleierten Frauen kursierte in Kairo zu Zeiten der Revolution 2011-13 am Tahrir-Platz folgender Tipp: „Immer zwei Hosen übereinander anziehen und das Ganze mit einem breiten, festen Gürtel absichern."[14])

Auch Mohammed kennt natürlich Allahs Willen, indem er zu wissen meint, wen dieser liebe und wer nicht mehr aus dem Höllenfeuer komme. Schon das Eröffnungsgebet des Koran setzt voraus, dass der Muslim, um zu „leben, wie Gott es

---

[10] Vgl. Köster: S. 200 ff. Das Wort *qur´an* entspricht dem lateinischen Lectionarium, dessen Texte sich auf Altes und Neues Testament beziehen, worauf der Koran auch in predigthaften Tautologien ständig Bezug nimmt.

[11] Vgl. Ebenda: S. 211 ff.

[12] Vgl. Ebenda: S. 187 ff. *Das Paradies und die Jungfrauen und Jünglinge: Die dunklen Stellen.* Anm.: Der wohl vorprogrammierte paradiesische Konflikt zwischen den Ehe- und Jungfrauen wäre somit auch nicht mehr gegeben (vgl. 36,56-57).

[13] Vgl. Ebenda: *Das Kopftuch in deutlicher Sprache*: S. 205 ff.

[14] El-Gawhary, Karim: *Frauenpower auf Arabisch:* S. 135

will"[15], untrüglich erkennen könne, welche Menschen sich der Gnade Allahs erfreuten, welchen er zürne und welche er in die Irre führe:

> „Führe uns den rechten Weg, den Weg derer, welche sich deiner Gnade freuen - und nicht den Pfad jener, über die du zürnst oder die in die Irre gehen!" (1,6-7)

Selbstverständlich glauben Juden, Christen und natürlich auch Muslime, dass allein *ihre* jeweils Heiligen Bücher den Willen ihrer Gottheit als absolute Wahrheit verkünden. Das Urteil darüber, ob neben der Bibel aber gerade der Koran als „Richtschnur für die Frommen" auch ein Leitbild für eine zeitgemäße Lebenswelt sein kann, möge der Leser dieses Buches nach kritischer Lektüre selbst entscheiden:

> „Dieses Buch - es ist vollkommen, nichts ist zu bezweifeln - ist eine Richtschnur für die Frommen, [...]." (2,3)

Islamische Exegeten versteigen sich dabei allerdings noch zu der Behauptung, dass der Koran mit den Erkenntnissen auch noch der modernsten Wissenschaft übereinstimme[16], während sie gleichzeitig süffisant darauf verweisen, dass die Bibel dazu im Widerspruch stehe. Maurice Boucaille, dessen Buch zwar inzwischen aus dem Verlagsangebot genommen wurde, ist aber natürlich keineswegs allein, wenn er meint, dies könne natürlich nur ein im Arabischen versierter Naturwissenschaftler beurteilen, der in der Lage sei, den Text im „arabischen" Original zu lesen.[17] Als erstes Beispiel wird die Übersetzung der ersten „Offenbarung" durch Rudi Paret angeführt (Erschaffung des Menschen, dort Sure 96,2), der die sonst übliche

---

[15] Denffer, Ahmad von/Al-Maghary, Muhammad Ali: *Krieg und Frieden im Islam:* S. 8 f.

[16] „Wir haben dir die Schrift offenbart als eine Erläuterung aller Dinge,[....]" (16,90)

[17] Vgl. Boucaille, Maurice: *Bibel, Koran und Wissenschaft:* S. 3

Übersetzung mit „Blutklumpen" bzw. „geronnenem Blut" einfach durch das moderne Wort *Embryo* ersetzt.[18]

> „Lies im Namen deines Herrn, der alles geschaffen hat
> und der den Menschen aus geronnenem Blut [einem Embryo] erschuf." (96,2-3)

In Sure 55,15 schuf Allah den Menschen dann „aus Lehm wie ein irdenes Gefäß", in Sure 15,27 „aus trockenem Lehm und schwarzem geformtem Schlamm", in Sure 16,5 schließlich „aus Samentropfen", was allerdings auch nur die halbe, „männliche" Wahrheit ist, die schon die christlichen Kirchenlehrer verkündet haben.[19] Dazu finden sich dann noch die „evolutionärwissenschaftlichen" Erklärungen:

> „Wir erschufen einst den Menschen aus reinstem Lehm;
> dann machten wir ihn aus Samentropfen in einem sicheren Aufenthaltsort (im Mutterleib);
> dann machten wir den Samen zu geronnenem Blut (einer Blutmasse), und das geronnene Blut bildeten wir zu einem Stück Fleisch und dieses Fleisch wieder zu Knochen, und diese Knochen bedeckten wir wieder mit Fleisch, woraus wir dann ein neues Geschöpf erstehen ließen." (23,13-15)
> „Er ist es, der euch zuerst aus Staub geschaffen hat, dann aus einem Samentropfen, dann aus geronnenem Blut und euch dann als Kinder aus dem Mutterleibe werden [...] ließ, [...]." (40,68)

Andererseits steht aber für den saudischen „Gelehrten" Saleh Al-Fawzan folgender Koranvers, in dem sich die Sonne noch um die Erde drehen muss, selbstverständlich und zweifelsfrei

---

[18] Vgl. Ebenda: S. 138

[19] Erst 1827 entdeckt Karl Ernst Baer die Eizelle des Menschen. Anm.: Allah hätte sich doch „exakt" ausdrücken und über die befruchtete Eizelle als tatsächlichen Ausgangspunkt des menschlichen Lebens aufklären können.

über jeder wissenschaftlichen Erkenntnis, wenn dies dem Koran widerspricht[20]:

> „Es ziemt sich nicht für die Sonne, dass sie den Mond in seinem Lauf einhole (...), sondern ein jedes dieser beiden Lichter bewege sich in seiner bestimmten Bahn." (36,41)

Boucaille wiederum hat dagegen einen weiteren apologetischen Trick parat, der die „Bahn" der Sonne mit der Drehung des ganzen Sonnensystems um das Zentrum unserer Galaxis rechtfertigen möchte[21]:

> „Er ist es, der die Nacht und den Tag, die Sonne und den Mond geschaffen hat, und diese Himmelskörper bewegen sich alle schnell in ihrer Bahn." (21,34)
> „[...], und er zwingt Sonne und Mond zu ihrem Dienst, ihren bestimmten Kreislauf zu durcheilen." (39,6)

Zum „Dienst" natürlich für die Erde und ihre damals geo- wie anthropozentrisch denkenden Bewohner. Allah hätte wohl auch hier dem Propheten durch seinen Boten Gabriel das „exakte" Wissen vermitteln können, dass natürlich auch die Erde und der Mond diese „schnelle" Bahn mitmachen und sich somit epizyklisch in *zwei* (Erde) bzw. *drei* (Mond) Bahnen bewegen und nur die Erdrotation tatsächlich „die Nacht und den Tag" verursacht. Es würde hier zu weit führen, diese abstrusen, wenn auch manchmal unterhaltsamen Behauptungen und exegetischen Verrenkungen über „das Fehlen wissenschaftlicher Irrtümer" im Koran ausführlicher darzustellen, die von der Prämisse ausgehen, dass „Gott sich nur exakt aus-

---

20 http://www.atheisten-info.at/infos/info1844.html (letzter Zugriff am 1.3. 2015): "Does the sun revolve around the Earth? There is no doubt about it. The Koran says: "The sun runs..." Nevertheless they say the sun stands in place and the Earth moves. This contradicts the Koran. Ignoring the Koran and adopting modern theories is not something a Muslim can do. A Muslim must follow the Koran."

21 Boucaille: S. 166 f.

drücken kann"[22], was man angesichts auch der oben beschriebenen Erschaffungsmodalitäten des Menschen doch eher bezweifeln mag.

Solange sich aber Theologen grundsätzlich auf diese Bücher vermeintlich göttlicher Offenbarungen und Anweisungen als verbindlich berufen und somit deren Aussagen auch heute noch ihre oft menschenrechtswidrige Wirksamkeit entfalten, müssen diese immer wieder in ihrer *vorliegenden* Form der Kritik unterzogen werden, auch wenn die Gottesgelehrten inzwischen zumindest bemüht sind, diese Texte aufklärungsbedingt zurechtzubiegen. An den von Theologen jahrhundertelang vorgelegten Bibelübersetzungen monieren nun manche heutigen Kollegen ihre teilweise Ungenauigkeit oder Fehlerhaftigkeit in der Übertragung aus den hebräischen oder auch griechischen Quellen. Trotz all dieser in die Vergangenheit projizierenden theologischen Spitzfindigkeiten, die die Ausdrucksmöglichkeiten der historischen Sprachen hermeneutisch wohl heillos überschätzen und apologetisch „modernisieren" möchten, können aber deshalb nicht generell alle vorliegenden Übersetzungen a priori in Frage gestellt werden und natürlich auch nicht von den moralisch-ethischen Defiziten zahlreicher Bibelstellen ablenken. Wie bereits angedeutet, argumentieren auch islamische Apologeten in ganz ähnlicher Weise, um unliebsame Inhalte des Korans zu beschönigen.

Auch zur Begründung und Motivation von Krieg, Gräuel und Terror wird immer wieder Gottes angeblicher Wille und seine vermeintliche Hilfe für doch immer nur sehr profane Interessen bemüht: wie das „Gott will es!" bei den Kreuzzügen oder der seit 1701 von Preußen und dann am Koppelschloss der deutschen Wehrmachtssoldaten verwendete Wahlspruch „Gott mit uns!" oder auch das „Allahu Akbar!" aller Dschihadisten. Schon Karl Martell, dem „Retter des Abendlandes" und innigem Marienverehrer, soll bei der Schlacht bei Tours und Poitiers (732) neben der Hilfe der Gottesmutter

[22] Ebenda: S. 3

auch noch die Reliquie des "Heiligen Schwammes" als Talisman zum Sieg über die Mauren verholfen haben. Und noch heute lässt etwa der israelische Militäroberrabbiner durch seine national-religiösen Aktivisten wieder massenhaft rituelle „Maskottchen", Gebetsschals und Psalmbücher auch an säkulare israelische Soldaten verteilen. Damit soll der Konflikt mit den Palästinensern wieder einmal zu einem „heiligen" Krieg hochstilisiert werden.[23]

Auch die Segnung jeglichen Waffenarsenals gehört ebenfalls noch immer zum frommen Aufgabenbereich vor allem christlicher, aber auch islamischer Kleriker und nach jahrelangem „Verzicht" sollen in Deutschland künftig - zur „Wertsteigerung" der Kriegsgeräte - diese in Anwesenheit der Käufer wieder gesegnet werden und in Absprache mit den islamischen Verbänden ein entsprechendes Gütesiegel erhalten - schuss- und feuerfest.[24] Die Vertröstungen auf ein angeblich besseres, jenseitiges Leben sollen dann die tapferen Soldaten noch dazu bringen, ihr diesseitiges für fremde Interessen heldenhaft aufs Spiel zu setzen.

Was nun den offenbar sehr wandelbaren Willen Gottes im Allgemeinen betrifft, gibt sich beispielsweise Joseph Ratzinger, noch als Präfekt der Glaubenskongregation, schon intellektueller, wenn auch nicht überzeugender:

> „[...], das göttliche Licht der Vernunft [...] als ein Kontrollorgan [...], von dem sich Religion immer wieder neu reinigen und ordnen lassen muss, [...] " oder: „[...] Hörbereitschaft gegenüber den großen religiösen Überlieferungen der Menschheit lernen." und: „Ich würde deshalb von einer Korrelationalität von Vernunft und Glauben, Vernunft und Religion sprechen, ..."[25]

---

23 http://www.nzz.ch/feuilleton/mit-der-bibel-in-den-kampf-1.18398313 (letzter Zugriff 1.3.2015)

24 *Katholische Kirche will wieder Waffen segnen*, 16.8.2014 in: http://gladblog.de/katholische-kirche-will-wieder-waffen-segnen/ (letzter Zugriff 1.3.2015)

25 Habermas, Jürgen/Ratzinger, Joseph: *Dialektik der Säkularisierung:* S. 56

Auch hier wird uns nur jenes – hier katholische – Potemkinsche Dorf der „metaphysischen Scheinbarkeiten[26] präsentiert, in dem sich schon immer die von angeblich göttlichem Wissen erleuchteten Vordenker als glaubens- wie auch selbstgewisse Exegeten und Sinnverwalter prätentiös wie komfortabel eingerichtet haben und ihre ebenfalls wandelbare Deutungshoheit über jeden noch so persönlichen Lebensbereich usurpieren wollen. Es dürfte auch klar sein, welches theologische Kontrollorgan glaubt, alles „korrelational-vernünftig" für das gläubige Volk „reinigen und ordnen" zu müssen. Selbstverständlich halten sich auch nur Theologen selbst dazu in der Lage, die angeblich notwendige „Komplexitätsschwelle" zu ihrer „extrem hohen Reflexionsebene" ihrer jeweils eigenen Metaphysik zu überschreiten, deren Höhe natürlich ebenfalls von den Experten alles Übersinnlichen vorgegeben werden möchte. Jeder Religionskritik wird mit der üblichen abgehobenen Feststellung begegnet, sie sei an Intellektualität und Bildung theologischer Reflektierkunst nicht gewachsen. Es bleibt allerdings zu hinterfragen, wozu überhaupt Begründungen für Behauptungen erforderlich sein sollen, deren im Grunde absurde Simplizität kaum in der Lage ist, die untersten Schwellen einer zumindest vernünftig-logischen Argumentation zu überschreiten und die daher letztlich immer beim Glaubensgeheimnis („Mysterium fidei") enden müssen. Theologische Reflektierkunst mag vielleicht ein in sich schlüssiges System bilden, präsentiert sich aber schlussendlich doch immer nur als eine „Harmonie der Täuschungen"[27].

---

[26] Nietzsche, Friedrich: *Menschliches, Allzumenschliches* (2008): S. 108

[27] Der Virologe und Wissenschaftstheoretiker Ludwik Fleck schreibt 1935, allerdings in wirtschaftlichem Zusammenhang: "Ist ein ausgebautes, geschlossenes Meinungssystem […] einmal geformt, so beharrt es beständig ge-gen über [sic] allem Widersprechenden." Fleck nennt ein solches in sich logi-sches Weltbild ein System der "Harmonie der Täuschungen" (Schulmeister, Stephan: *Irrtümer, die die Wirtschaft in Krisen gefangen halten* in: Der Standard, 28.1.2013)

Natürlich erfordert die „christologische Soteriologie" - oder einfacher: die paulinische Schlachtopfer-Ideologie - eine aufwändige Denkarbeit, um solcher Peinlichkeit irgendwie Plausibilität zu verleihen, die den einfachen Gläubigen offenbar beeindrucken und er dann ehrfurchtsvoll verinnerlichen soll - Emotion anstelle vernunftmäßigen Denkens. Dass Theologen angestrengte Geistesakrobatik betreiben, bedeutet jedoch noch keineswegs, dass diese als vernünftige oder gar wissenschaftliche Tätigkeit[28] zu gelten habe. Nicht auszudenken, würden diese geistigen Kapazitäten etwa in evidenz-basierte und tatsächlich wissenschaftliche Forschung oder eine vernunftgeleitete, praktische Philosophie investiert werden. Wir könnten uns wieder ganz dieser Welt zuwenden und dafür sorgen, dass niemand mehr auf ein behauptetes Jenseits vertröstet werden muss.

Als ethisches Korrektiv in Bezug auf die Menschenrechte kommt jede religiöse Prätention auf Durchsetzung ihrer jeweils spezifisch-dogmatischen Orthopraxie schon deshalb nicht in Betracht, als deren Agitatoren noch immer glauben, an ihren archaischen Gottesbildern und ebensolchen moralischen Ansprüchen weiterhin festhalten zu müssen, die zwar vermeintlich gottgewollte Pflichten einfordern, aber kaum individuelle Rechte anerkennen wollen. Diese Moralvorschriften bleiben somit weit hinter jeder zeitgemäßen Ethik etwa eines *evolutionären Humanismus* zurück, auch wenn immer wieder Aufklärung und Menschenrechte hartnäckig - unter Verwechslung von Ursache und Wirkung - von kirchlichen Theologen als christlichen Ursprungs reklamiert werden. Die Grund- und Menschenrechte sind aber nicht „das evolutionär-sanftmütige Resultat eines allmählichen christlichen Umdenkungsprozesses, sondern das Resultat harter revolutionärer Kämpfe gegen die absolute Herrschaft von Feudaladel und

---

[28] Nietzsche 2008: S. 111: „Religion und Wissenschaft [...]: sie leben auf verschiedenen Sternen."

christlichen Machtinstanzen"[29]. Islamische Theologen versteigen sich gar zu der Behauptung, dass *alle* Menschenrechte bereits im Koran vorgegeben seien. Doch davon später.

Nachdem sich nun jüdische Rabbiner, christlicher Klerus oder islamische Ulama in moralischen Fragen nicht nur auf Thora, Bibel oder Koran, sondern auch auf ihre jeweils davon abgeleiteten Traditionen wie Thalmud und Halacha, Überlieferung und Konzile[30] oder Sunna und Scharia berufen, soll gezeigt werden, inwieweit sich diese immer dogmatisch-kollektivistischen Moralvorschriften von einer evolutionär-humanistischen Ethik der bisher entwickelten Menschenrechte unterscheiden. Der Substandard religiös begründeter Moralvorschriften wird dabei offenkundig, der anderslautende Mythos von den angeblich im Christentum oder gar im Islam entwickelten Menschenrechten als wenig überzeugend erkannt werden. All jene, die diesen Substandard jeder religiös begründeten Moral im Vergleich zu einer humanistisch aufgeklärten Ethik der allgemeinen Menschenrechte nicht erkennen und auch noch eine theologische Begründung für deren Werte in ihren Heiligen Büchern behaupten wollen, muss man immer wieder daran erinnern, dass diese Menschenrechte, wie auch jede andere demokratische Entwicklung immer gegen die heftigste Gegenwehr aller Religionshüter durchgesetzt werden mussten, was in den orthodox-islamischen Gottesstaaten bis heute kaum oder gar nicht gelungen ist. Wenn auch Papst und Kirche nun verkünden, die Menschenrechte und Menschenwürde weltweit schützen zu wollen, dann sollte man sie daran erinnern, dass die Welt noch immer auf die Ratifizierung der Menschenrechtsdeklaration durch den Vatikan wartet oder im

---

[29] Krauss, Hartmut: *Der Islam als grund- und menschenrechtswidrige Weltanschauung:* S. 139

[30] Robinson: S. 69 „…ein gemeinsames Werk des Heiligen Geistes und der Menschen"; vgl. auch S. 237: „Wir brauchen - in enger Zusammenarbeit mit dem Heiligen Geist - die kollektive Weisheit der gesamten Kirche…" Anm.: Dieser Geist scheint durch die Jahrhunderte nicht sehr heilig oder aber abwesend gewesen zu sein.

Katechismus der Katholischen Kirche auch weiterhin die Todesstrafe vertreten wird[31], ganz abgesehen von der Diskriminierung der weiblichen Hälfte der Menschheit (siehe Kapitel *Ungleichheit der Geschlechter*) oder etwa auch der grundsätzlich ablehnenden Haltung gegenüber homosexuellen Menschen. Seit dem 4. Jahrhundert hätten christlich-römische Staatsreligionäre und in der Folge die mittelalterlich-klerikalen Feudalherren, wie auch seit dem 7. Jahrhundert islamische Hierarchen als ebenfalls immer auch weltlich-politisch maßgebliche Machthaber genügend Zeit gehabt, in ihrem Einflussbereich der Würde und Selbstbestimmung des Menschen zum Recht zu verhelfen oder zumindest diese zu fördern. Ganz im Gegenteil haben jedoch alle diese Religionsstrategen unter Berufung auf ihre Heiligen Bücher stets versucht, ihre archaisch-religiösen Traditionen dem zivilisatorisch-ethischen Fortschritt entgegenzustellen. Im *Katechismus der Katholischen Kirche* heißt es dazu beharrlich-dogmatisch:

> „Denn die heilige Mutter Kirche hält aufgrund apostolischen Glaubens die Bücher sowohl des Alten wie des Neuen Testamentes in ihrer Ganzheit mit allen ihren Teilen für heilig und kanonisch, weil sie, auf Eingebung des Heiligen Geistes geschrieben, Gott zum Urheber [Autor] haben und als solche der Kirche übergeben sind." (KKK 105)

Im Koran, dessen Original angeblich bei Allah persönlich verwahrt wird, heißt es natürlich ebenso selbstgewiss:

---

31 www.vatican.va/archive/DEU0035/_INDEX.HTM: 2266-67: „Der Schutz des Gemeinwohls der Gesellschaft erfordert, daß der Angreifer außerstande gesetzt wird schaden [sic]. Aus diesem Grund hat die überlieferte Lehre der Kirche die Rechtmäßigkeit des Rechtes und der Pflicht der gesetzmäßigen öffentlichen Gewalt anerkannt, der Schwere des Verbrechens angemessene Strafen zu verhängen, ohne in schwerwiegendsten Fällen die Todesstrafe auszuschließen. Aus analogen Gründen haben die Verantwortungsträger das Recht, diejenigen, die das Gemeinwesen, für das sie verantwortlich sind, angreifen, mit Waffengewalt abzuwehren."

„Wahrlich, dies ist der ruhmreiche Koran,
niedergeschrieben auf der im Himmel aufbewahrten Tafel (im Urkoran)." (85,22-23)
„Dies ist der verehrungswürdige Koran,
welcher in dem aufbewahrten (verhüllten) Buch (Allahs geschrieben) ist,
und nur die Reinen dürfen ihn berühren.
Er ist eine Offenbarung vom Herrn des Weltalls" (56,78-81)

Die Allgemeine Erklärung der Menschenrechte (AEMR)
UNO-Resolution 217 A (III) vom 10. Dezember 1948

Artikel 1
Alle Menschen sind frei und gleich an Würde und Rechten geboren. Sie sind mit Vernunft und Gewissen begabt und sollen einander im Geist der Geschwisterlichkeit begegnen.

Prädestination - Erbsünde - Taufe:

Was nun die christlichen Kirchen betrifft, so wird ihren zukünftigen Gläubigen dank Erfindung der Erbsünde[32] nicht erst bei, sondern bereits vor der Geburt die Unschuld einmal grundsätzlich abgesprochen. So kann das Christentum den angeblich allein seligmachenden Anspruch seiner Heilsversprechen machtvoll wie auch gebührenpflichtig argumentieren und in der Folge mit dem damit notwendig gewordenen Exorzismus der Taufe[33] seinen Nachwuchs rekrutieren und von jeglicher Religionsfreiheit befreien. Sowohl Eltern, die ihre Kinder offenbar noch immer für ihren Besitz halten, als auch deren Religion, in dessen geistigen Käfig auch sie nur durch Zufall hineingeboren wurden, enthalten somit dem Kind das

[32] Dogmen der katholischen Kirche: „63. Die Sünde Adams ist durch Abstammung, nicht durch Nachahmung auf alle seine Nachkommen übergegangen. 64. Die Erbsünde wird durch natürliche Zeugung fortgepflanzt. 65. Im Stand der Erbsünde ist der Mensch der heiligmachenden Gnade und ihrer Gefolgschaft sowie der präternaturalen Integritätsgaben beraubt." - Bzw. Paulus: „Durch einen einzigen Menschen kam die Sünde in die Welt und durch die Sünde der Tod und auf diese Weise gelangte der Tod zu allen Menschen, weil alle sündigten." (Röm 5,12-17)

[33] Dogmen: „171. Die Taufe verleiht die Rechtfertigungsgnade. 172. Die Taufe bewirkt die Nachlassung aller Sündenstrafen, sowohl der ewigen als auch der zeitlichen. 168. Zum würdigen oder fruchtbringenden Empfang der Sakramente ist beim erwachsenen Empfänger eine sittliche Disposition erforderlich. 176. Die Taufe der unmündigen Kinder ist gültig und erlaubt." Anm.: Widerspruch inbegriffen.

Recht auf seine eigene Religionsfreiheit (auch die Freiheit *von* Religion) zunächst einmal vor. Sie können oder wollen offenbar noch immer nicht begreifen, was Menschen- und im Besonderen Kinderrechte bedeuten.

Die Äußerlichkeiten der Taufe und die damit einhergehenden theologischen Erörterungen über den Ritus selbst oder auch über die Beschaffenheit des Taufwassers sind esoterischer Aberglaube, auf den hier nicht weiter eingegangen werden soll.[34] Dabei war etwa die intrauterine Taufe[35] mit ihren an Lächerlichkeit grenzenden Spitzfindigkeiten noch bis ins 19. Jahrhundert ein besonderes Ruhmesblatt theologischer Borniertheit, wie auch noch immer das Leben der werdenden Mutter hinter den Vorrang der (Not-)Taufe - nicht des Lebens des Kindes (!) - zurückzutreten habe.[36] Man darf vermuten, dass immer wieder auch lebensfähige Kinder noch im Mutterleib ertränkt wurden, wenn mittels einer „Taufspritze" das Taufwasser direkt in den Uterus gepumpt wurde. Wer allerdings am mordenden Gott des Alten Testaments und an der christologischen Schlachtopfer-Theologie des Neuen Testaments keinen Anstoß nimmt, dem dürfte wohl auch diese „Mütteropferungsideologie"[37] moralisch gerechtfertigt erscheinen. Maximal wird heute eine ärztliche Entscheidung „respektiert". Im Islam dagegen ist im Zweifelsfall das Leben der Mutter zu erhalten[38], auch wenn vermutet werden darf, dass die Frau, dem islamisch-konservativen Frauenbild entsprechend, wohl zur weiteren Vermehrung der Umma als nützlicher erachtet wird. In jedem Fall wird aber in angemaßter Fremdbestimmung – wie etwa auch bei der Frage des Schwan-

---

[34] Vgl. Deschner, Karlheinz: *Der gefälschte Glaube* (2004): S. 110 ff.

[35] Vgl. Capellmann, C.,/Bergmann, W., Pastoralmedizin, 19. A., 1923 (mit kirchlicher Druckerlaubnis vom 10.8.1922) in: Karlheinz Deschner: *Abermals krähte der Hahn*: S. 190 f.; vgl. auch Deschner 2004: S. 112 ff.

[36] Vgl. Ranke-Heinemann, Uta: *Eunuchen für das Himmelreich* (2008): S. 467 ff.

[37] Ebenda S. 471

[38] Vgl. Schirrmacher, Christine/Spuler-Stegemann, Ursula: *Frauen und die Scharia:* S. 234

gerschaftsabbruchs - immer *über*, aber niemals *mit* oder gar *durch* die Frau selbst entschieden.

Im Übrigen kennt auch das Judentum eine Art „Taufe“ (das Tauchbad Mikwe oder Mikwa), aber als eine immer wieder zu vollziehende rituelle Reinigung.[39] Die Mikwe wird auch beim Übertritt zum Judentum vollzogen und war als solche wohl auch Vorbild für die Übernahme ins Christentum; die grundlegende Vorstellung der Taufe als „Wiedergeburt“ war aber in fast allen Kulturen schon längst bekannt.[40] Dass auch für das Judentum nicht alle Menschen gleich an Würde geboren werden, ergibt sich schon aus der Behauptung, „auserwähltes“ (Dtn 7,6; Est 8,12) wie auch ein „mehr als die anderen Völker gesegnetes“ Volk zu sein (Dtn 7,14) mit der alle Nicht-Juden a priori einmal eine Stufe tiefer gestellt werden, was aber im Grunde die Anmaßung jeder Religion allen anderen gegenüber darstellt und uns daher nicht weiter erstaunen muss.

Die Idee der Erbsünde im Christentum ist schon deshalb umso absurder, da sie sich aus dem ebenso absurden Dogma der Prädestination[41] entwickelt hat:

> „Darum lässt Gott sie der Macht des Irrtums verfallen, sodass sie der Lüge glauben; denn alle müssen gerichtet werden, die nicht der Wahrheit geglaubt, sondern die Ungerechtigkeit geliebt haben.“ (2 Thess 2,11-12).

Was nichts Anderes bedeutet, als dass jemand deshalb sündige und mit Höllenstrafen dafür bestraft würde, weil ihn Gottes Vorsehung dazu bestimmt habe. Man mag Paulus von Tharsos

---

[39] Reinigungsriten vgl. auch Lev 12, Lev 14 oder Num 8,7. Dieses rituelle Tauchbad müssen vor allem Frauen vor der Hochzeit und im Anschluss an ihre Menstruationsperiode benutzen, und zwar am siebten Tag nach deren Beendigung; erst dann ist sexueller Verkehr wieder erlaubt. Auch nach der Geburt eines Kindes muss die Mutter in die Mikwe gehen. Anm.: Einseitige Vorschriften einer „sauberen“ Männergesellschaft.

[40] Deschner 2004, S. 106

[41] Dogmen: Nr. 53. „Gott schützt und leitet durch seine Vorsehung alles Geschaffene.“

wenigstens hier zugute halten, dass auch dieser Brief inzwischen als Fälschung gilt.

Augustinus glaubte, das Problem, Gott nicht als ungerecht erscheinen zu lassen, mit der Behauptung lösen zu können, dass alle Menschen von Anfang an, „und das heißt: durch Adams Sünde, der Verwerfung schuldig sind - so dass Gott nun dadurch seine Gnade zeigen könne, dass er aus dieser „massa" einige zum Heile erwähle, andere nicht."[42] Die Menschen seien eine „einzige Sündenmasse" (massa peccati), die rechtens einzig und allein Verdammung verdiene. Da scheint bei der „Schöpfung" dieses Lebewesens durch den Allmächtigen, Allwissenden und Allbarmherzigen wohl Wesentliches schiefgelaufen zu sein. Die wirkliche Ursache dürfte aber wohl eher in der sexualneurotischen Verklemmtheit der frühchristlichen „Kirchenväter" zu suchen sein, welche sich allerdings sehr wohl bis heute vererbt zu haben scheint. Dazu auch der *Katechismus der Katholischen Kirche*[43]:

> „Die Erbsünde - eine wesentliche Glaubenswahrheit
>
> 388 Mit dem Fortschreiten der Offenbarung wird auch die Wirklichkeit der Sünde erhellt. Obwohl das Gottesvolk des Alten Bundes im Licht der im Buche Genesis erzählten Geschichte vom Sündenfall die menschliche Daseinsverfassung irgendwie erkannte, konnte es den letzten Sinn dieser Geschichte nicht erfassen; dieser tritt erst im Licht des Todes und der Auferstehung Jesu Christi zutage. Man muss Christus als den Quell der Gnade ken-

---

[42] Vgl. Walter Simonis, *Heilsnotwendigkeit der Kirche und Erbsünde bei Augustinus*, in: Carl Andresen (Hg.), *Zum Augustin-Gespräch der Gegenwart* (WdF 327), Darmstadt 1981, S. 301-328 in: www.kath.de/lexikon/philosophie_theologie/erbsuende_augustinus.php (letzter Zugriff 1.3.2015) Anm.: Augustinus kam allerdings über seine Exegese des Römerbriefes: „Jakob habe ich geliebt, Esau aber gehasst." (Röm 9,13) in Bezug auf das Bibelwort Mal 1,2-3 zu seinen Schlussfolgerungen.

[43] 2. Abschnitt, 1. Kapitel, Absatz 7. Onfray, Michel: *Wir brauchen keinen Gott* (2006), S. 307: „Auch mit dem [...] *Catéchisme de l'Eglise catholique* sollte man seine Zeit nicht vergeuden. Hier überdauern Mythologien aus mehr als 1000 Jahre zurückliegenden, längst vergangenen Zeiten!"

nen, um Adam als den Quell der Sünde zu erkennen. Der Heilige Geist, den der auferstandene Christus uns sendet, ist gekommen, um „die Welt der Sünde zu überführen" (Joh 16,8), indem er den offenbart, der von der Sünde erlöst.
389 Die Lehre von der Erbsünde [oder Ursünde] ist gewissermaßen die „Kehrseite" der frohen Botschaft, dass Jesus der Retter aller Menschen ist, dass alle des Heils bedürfen und dass das Heil dank Christus allen angeboten wird. Die Kirche, die den „Sinn Christi" hat, ist sich klar bewusst, dass man nicht an der Offenbarung der Erbsünde rühren kann, ohne das Mysterium Christi anzutasten.

Die Erzählung vom Sündenfall

390 Der Bericht vom Sündenfall verwendet eine bildhafte Sprache, beschreibt jedoch ein Urereignis, das *zu Beginn der Geschichte des Menschen*[44] stattgefunden hat. Die Offenbarung gibt uns die Glaubensgewissheit, dass die ganze Menschheitsgeschichte durch die Ursünde gekennzeichnet ist, die unsere Stammeltern freiwillig begangen haben."

Gott ließ also in der Offenbarung für sein auserwähltes Volk dieses den letzten Sinn der Geschichte vom Sündenfall, bei dem hier Eva als alleiniger „Quell der Sünde" offenbar wieder entlastet werden soll, zunächst nicht erfassen und wollte ihm Christus vorerst offenbar noch eine Weile vorenthalten, um ihn allerdings dann als Erlöser und „Quell der Gnade" wieder nicht von seinem Volk, sondern nur von den katholischen Kirche erkennen zu lassen. Allen anderen Menschen, besonders jenen, die nicht in den vorderasiatischen Ländern der Propheten und orientalischen Geschichtenerzähler, oder aber auch schon lange vorher gelebt haben, hat er seine Offenbarungen ohnehin nicht kundgetan. Schon mit Artikel 1 der Menschenrechtserklärung hat zumindest diese biblisch-christliche Denkfigur „Jahwe-Gott" also nichts gemein. Es scheint ein zynischer bis boshafter Gott zu sein, der verschiedene Teile der

[44] Hervorhebungen im Original.

Menschheit mit immer wieder neuen, unterschiedlichen bis widersprüchlichen Botschaften im Unklaren lassen will. Den Kulturen anderer Weltteile hat er ohnedies wieder Anderes „mitteilen" lassen.

Die christlichen Kirchen glauben auch den Beginn der Menschheitsgeschichte samt dem ominösen Urereignis der Erbsünde zu kennen, worüber sie angeblich „höchste Glaubensgewissheit" („de fide") besitzen (der Widerspruch dieses Oxymorons soll uns hier nicht weiter stören). Dass unsere angeblichen Stammeltern die behauptete Ursünde freiwillig begangen hätten, dagegen spräche nun wieder die Prädestinationslehre. „Theunlogisch" scheint eben alles möglich zu sein. Wie bereits ausgeführt, steht und fällt die christliche Erlösungslehre mit dem Dogma der angeblichen „Offenbarung" einer Erbsünde und dem damit verbundenen „Mysterium Christi", mit der behaupteten Gottesschaft Jesu, seiner Auferstehung und Erlösung der Menschheit:

> „Ist aber Christus nicht auferweckt worden, dann ist unsere Verkündigung leer und euer Glaube sinnlos." (1 Kor 15,14)

Als Beispiel protestantischer Geistesakrobatik, das absurde Dogma der Erbsünde mittels „modernem" Theologen-Jargon zurechtzubiegen, seien noch folgende Sätze angeführt:

> «Die ‚Erbsünde' ist demnach „jene über der Menschheit liegende Finsternis, die am adäquatesten wahrgenommen wird, wenn das von Christus her auf die Menschheit strahlende Licht bemerkt und erkannt wird."
> Diese neue ‚Erbsündenhermeneutik' gibt der künftigen theologischen Lehre über diesen Gegenstand endlich wieder die *dogmatisch konsistente* und *ökumenisch gemeinsame* Linie vor!»[45]

---

[45] www2.hu-berlin.de/theologie/gestrich/dokumente/erbsündenlehre Mainz.pdf (letzter Zugriff 19. 5. 2013): Gestrich, Christof: Vortrag am 30. 6. 2007 im Erbacher Hof in Mainz: *Erbsünde – das Verhängnis menschlicher Selbstrechtfertigung*, FN 1, S. 1-2 (Helmut Hoping/Michael Schulz (Hg.), *Unheilvolles Erbe? Zur Theologie der Erbsünde*, Freiburg im Breisgau 2009, 161-177)

> „Die evangelische Theologie trennt zwar nicht zwischen Erbsünde und Tatsünde, unterscheiden kann sie jedoch beide sehr wohl. Das wird auch aus meiner Formulierung ersichtlich, dass die Erbsünde in jeder konkret getanen Sünde *durchschlage*."[46]

Die Gewissensbildung darüber wird uns dabei selbstverständlich von den (nicht ganz selbstlos[47]) für ihr Glaubensvolk denkenden Theologen abgenommen unter dem Motto: was Sünde ist, bestimmen wir! Die Finsternis auf Erden verbreitet wohl eher solche Theologie und Ralph Giordano[48] meint, wenn er über die Religionen urteilt:

> „Ich halte sie für den geistesgeschichtlichen Irrtum der Menschheit. Gott, die Götter sind eine Projektion des Menschen, die sich in der Leere des Universums verliert. Alle Gebete, die Menschen je an einen Gott adressiert haben, sind in einem toten Briefkasten gelandet. Und je älter ich geworden bin, desto größer wurde mein Zorn auf die Religion, in deren Namen die entsetzlichsten Dinge geschehen sind."[49]

Wenn nun Papst Franziskus meint, Gott sei „keine Idee"[50] (er meint natürlich *seinen* biblisch-christlich-katholischen Gott), so möchte er zumindest *seiner* Religion das Odium einer Ideologie nehmen, um damit den Wahrheitsanspruch der katholi-

---

[46] Ebenda: S. 2; Hervorhebungen im Original.

[47] Schon Paulus ermahnt in seinen Briefen die Gläubigen, Geld zu spenden, damit die Priester ihrem Missionswerk und nicht anderen Beschäftigungen nachgehen müssen (Röm 15,23-27; 1 Kor 16,2-3; 2 Kor 8,1-24; Gal 6,6; Phil 4,10-20).

[48] Geboren 1923 in Hamburg-Barmbek als Sohn eines Pianisten und einer jüdischen Klavierlehrerin, wurde Giordano von den Nationalsozialisten verfolgt, verhört und misshandelt. Das Kriegsende erlebte er in einem Kellerloch, wo sich die Familie monatelang versteckt gehalten hatte.

[49] www.fr-online.de/leute/ralph-giordano--immerhin-habe-ich-die-nazizeit-ueberlebt, 9548600,22156630.html (letzter Zugriff 1.3.2015): Frankfurter Rundschau: Interview mit Joachim Frank, 13. März 2013

[50] Antwort des Papstes auf Eugenio Scalfaris offenen Brief an den Papst im Juli 2013 in: Der Standard, 2.9.2013

schen Kirche zu unterstreichen. Dennoch: Das biblische Gottesbild wurde als anthropomorphe Denkfigur eines ursprünglich archaisch-patriarchalischen Wahrheits- und Machtanspruchs einer herrschenden Führungselite gezeichnet, auch wenn heutige Theologen als gute Hirten, die ihren Missionsauftrag immer öfters auch mithilfe einer zusätzlichen, psychotherapeutischen Ausbildung unterfüttern, ihren „lieben" Gott und ihr eigenes irrationales Wunschdenken als trostreiche Hilfe für alle Lebenslagen an ihre Gläubigen verkaufen wollen.

Auch Allah lässt dem Menschen keine Wahl, über seine Gedanken und Handlungen frei zu bestimmen. Im Koran heißt es neben zahlreichen ähnlichen Stellen:

> „Keine Seele kann ohne den Willen Allahs glauben; [...] (10,101)
> „Allah führt irre, wen er will, und leitet auf den rechten Weg, wen er will." (6,40)[51]

Auch das damit verbundene Problem der Theodizee bereitet der islamischen Ulama jedoch keine Kümmernis, dient die Prädestination doch nicht zuletzt auch hier dazu, bestehende Machtverhältnisse und Ansprüche zu rechtfertigen (so wird etwa auch in der calvinistischen Ethik wirtschaftlicher Wohlstand als Zeichen der Erwählung interpretiert - Religion auch als Rechtfertigung für den selbstgerechten Wohlstandsbürger[52]). Im Koran scheint zwar Gottes Strafgericht - natürlich besonders für die Ungläubigen - auch zunächst vorbestimmt:

---

[51] Vgl. Römerbrief 9,18: „In der Schrift wird zum Pharao gesagt: «Eben dazu habe ich dich bestimmt, dass ich an dir meine Macht zeige und dass auf der ganzen Erde mein Name verkündet wird.» Er erbarmt sich also, wessen er will, und verstockt, wen er will.´" Vgl. Ex 9, 12: „Aber der Herr verhärtete das Herz des Pharao, [...]"

[52] Auch manch mormonischer Banker der Wall-Street-Bruderschaft Kappa Beta Phi meint zynisch: "Ich glaube, dass Gott für uns alle einen Plan hat. Ich glaube, dass zu meinem Plan ein siebenstelliger Bonus gehört."
In: www.spiegel.de/wirtschaft/zynische-banker-us-reporter-beobachtet-wall-street-geheimbund-a-954975.html (letzter Zugriff 1.3.2015)

> „Allah hat ihnen das Herz verschlossen, ihre Augen verhüllt - harte Strafe wartet ihrer." (2,8)
> „Allah gehört Ost und West. Er leitet auf den rechten Weg, wen er will." (2, 143)

Die Logik der Prädestination endet aber ausgerechnet wieder beim freien Willen eines ungläubigen Menschen mit folgenden Versen:

> „[...], wer also freiwillig sich zum Unglauben bekennt, den trifft der Zorn Allahs, und seiner wartet peinvolle Strafe,
> und zwar deshalb, weil er dieses Leben mehr als das zukünftige liebt und Allah ungläubige Menschen nicht leitet." (16,107-108)

Hier soll Allah der Schuld am offenbar wieder unvorhersehbaren Unglauben entbunden werden. Der folgende Vers vergisst wiederum auf Allahs ambivalente Gefühlsregungen und soll auch noch seine Irreleitung als göttliche Wohltat erscheinen lassen:

> „[...]; er verzeiht, wem er will, und bestraft, wen er will. Allah ist versöhnend und barmherzig." (3,130)[53]

Dazu folgende Strophe eines Omar Khayyam[54] zugeschriebenen, islamkritischen Gedichts:

> Wer hat mich so erschaffen wie ich bin? Du!
> Was ich mache, was ich sage hast du mir schon vorbestimmt.
> Also bist es auch du, der mich sündigen lässt.
> Wozu dann Himmel und Hölle?

---

[53] *Die Bedeutung des Korans*, Band 1, S. 188, FN 218: „Es ist erwähnenswert, dass Gott es in Seiner grenzenlosen Barmherzigkeit vielen Gegnern des Islam ermöglichte, den Weg zum Islam zu finden."

[54] Omar Khayyam (1048-1131), persischer Mathematiker, Astronom, Philosoph und Dichter in: www.atheisteninfo.at/downloads/Khayyam.pdf (letzter Zugriff 1.3.2015)

Die Erbsünde bleibt jedoch die von Augustin formulierte Erfindung des Christentums, die weder das Judentum kennt – einmal abgesehen von Gottes Eifersucht, die Söhne Andersgläubiger bis in die dritte und vierte Generation zu verfolgen (1. Gebot), also eine zeitlich limitierte Erbsünde, wobei die Mütter und Töchter (weil minderwertig) ausnahmsweise einmal bevorzugt werden:

> „Väter sollen nicht für ihre Söhne und Söhne nicht für ihre Väter mit dem Tod bestraft werden. Jeder soll nur für sein eigenes Verbrechen mit dem Tod bestraft werden." (Dtn 24,16),

noch der Islam:

> „Und keine Seele wirkt, es sei denn gegen sich selbst, und keine Lasttragende trägt die Last einer anderen." (6,164; vgl. auch 35,19)

Insgesamt geht es aber wohl weniger um eine ominöse Erbsünde als mehr um die zwangsweise Vererbung christlichen Glaubens an unmündige Kinder.[55] Die Behauptung einer erblichen Ursünde verletzt somit die Würde des in Christo getauften Menschen, indem ihm grundsätzlich eine vernunftmäßige Begabung mit einem Gewissen abgesprochen wird, so wie auch die damit argumentierte Notwendigkeit der Taufe samt nachfolgender, frühkindlicher Indoktrination die Rechte auf Freiheit und Gleichheit in Bezug auf jede andere Weltanschauung a priori einmal verhindert und dann auch meist eine immerwährende Denkhemmung zur Folge hat. Auch wenn dieser mystisch-esoterische wie natürlich völlig wirkungslose Initiationsritus als solcher wenigstens keine physischen Folgen hinterlässt, so wird allerdings durch die nachfolgende biblisch-christliche Erziehung und Sozialisation eine „Neurotisierung [...] von unmündigen Kindern durch Induktion potentiell [sic!] extremer Strafängste"[56] zumindest gefördert. Auch die

---

[55] Vgl. Deschner 2004: S. 110 bzw. S. 122

[56] Buggle, Franz: *Denn sie wissen nicht, was sie glauben:* S. 398

mit dem Kreuzestod Jesu verbundene absurde Soteriologie und das gleichzeitig damit vermittelte archaisch-inhumane Gottesbild dürften die Auswirkungen des übrigens auch nicht - wie immer behauptet - genuin *christlichen* Liebesgebots „aus psychologischen Gründen zu einem Gutteil paralysieren."[57] Bereits im Alten Testament ist zu lesen:

> „An den Kindern deines Volkes sollst du dich nicht rächen und ihnen nicht nachtragen. Du sollst deinen Nächsten lieben wie dich selbst." (Lev, 19,18)
> „Der Fremde, der sich bei euch aufhält, soll euch wie ein Einheimischer gelten und du sollst ihn lieben wie dich selbst; denn ihr seid selbst Fremde in Ägypten gewesen." (Lev, 19,34)

Rabbi Jeshua war eben ganz Jude! Die damit verbundene „Goldene Regel" kennen auch schon Buddhismus oder Konfuzianismus und das Gebot universaler Menschenliebe galt auch schon der Stoa als eine der Grundtugenden.

> „Da wir nun als Originale gebohren werden, wie kömmt es doch, dass wir als Copien sterben?"[58]

Wenn wir unsere angeborene Individualität, unser eigenes Selbst mit allen Möglichkeiten entwickeln wollen, sollten wir nicht alles „gottgegeben" hinnehmen, was uns Eltern, Schule, Staat oder Religion an Anpassung und sich fügender Unterordnung aufzwingen wollen. Autoritär erzogene Menschen, die keine eigenständige Identität entwickeln können, werden oft zu jenen Fundamentalisten, die dann auch ihre Mitmenschen in jenes Weltbild zwingen wollen, das ihnen ihre autoritären Vorbilder von Jugend auf eingepflanzt haben, und weil sie selber ihre eigene, wahre Identität nicht leben gelernt ha-

---

[57] Buggle: S. 164

[58] Young, Edward (1683-1765): Gedanken über die Original-Werke, Faksimiledruck nach der Ausgabe von 1760 in: Schneider, Heidelberg 1977, S. 40 in: *Originalkopie – „Praktiken des Sekundären"*, DoMont, Köln 2004, S. 18.

ben.[59] Eine Antwort hat Friedrich Nietzsche folgendermaßen formuliert:

> „Das Individuum wird von seinen Erziehern behandelt, als ob es zwar etwas Neues sei, aber eine W i e d e r h o l u n g werden solle."[60]

Skandal der Erbsündenlehre bleibt aber die genuine Schuldvermutung der angeblich schon mit Zeugung grundgelegten schlechten Eigenschaften aller Menschen (oder in einer weiteren erfindungsreichen modernen Formulierung: die angeblich „universale Sündenverfallenheit"). Dazu wieder Nietzsche:

> „Hat man begriffen, ´wie die Sünde in die Welt gekommen´ ist, nämlich durch Irrthümer der Vernunft, vermöge deren die Menschen unter einander, ja der einzelne Mensch sich selbst für viel schwärzer und böser nimmt, als es thatsächlich der Fall ist, [...]."[61]

Der *evolutionäre Humanismus*[62] nimmt dagegen im positiven Sinne eine im Menschen grundsätzlich angelegte, entwicklungsfähige Empathie an, obwohl letztlich auch das „Handeln aus Mitleid ein eigennütziges Verhaltensmuster darstellt."[63] Schon das Alte Testament bestätigt indirekt dieses evolutionär entwickelte soziale, mitfühlende Verhalten. Warum sollte der Genozid anordnende Gott in Dtn 7,16 dagegen fordern:

> „Du wirst alle Völker verzehren, die der Herr, dein Gott, für dich bestimmt hat. Du sollst in dir kein Mitleid mit ihnen aufsteigen lassen."

---

59 Vgl. Gruen, Arno: *Wichtig ist es, im Kampf zu bleiben*, Interview mit Adalbert Reif in: Standard, 25.5.2013

60 Nietzsche 2008: S. 192

61 Ebenda: S. 121

62 Vgl. Schmidt-Salomon, Michael: *Manifest des evolutionären Humanismus* (2006)

63 Ebenda: S. 20

oder Mose seinem Volk nachhelfen müssen:

> „Warum habt ihr alle Frauen am Leben gelassen?" (Num 31,15) „Nun bringt alle männlichen Kinder um und ebenso alle Frauen, die schon einen Mann erkannt und mit einem Mann geschlafen haben." (Num 31,17)

Während in der - zumindest körperlich unschädlichen - christlichen Taufe die Erbsünde angeblich exorziert werden soll, so bleibt die Frau trotz Taufe dennoch auch im Christen- wie im Judentum, im Islam sowie in allen anderen Religionen lebenslang ein Mensch zweiter Klasse, beginnt doch schon in der biblischen Schöpfungsgeschichte die patriarchalische Geringschätzung der Frau als Verführerin zur „Erbsünde" und wird im Dekalog dann noch - zwischen Haus und Sklaven - zum Eigentum und zur Ware des Mannes erklärt.[64]

Dass bereits 800 Jahre vor Entstehung des biblischen Textes eine etwas andere Urversion der Geschichte von Adam und Eva nunmehr übersetzt werden konnte, lässt die patriarchalisch-biblische Umdeutung im entsprechenden Licht erscheinen; somit wird auch eine angeblich göttliche Offenbarung der Bibel konterkariert. In dem in Keilschrift aufgeschriebenen Text auf den sogenannten Ugaritischen Tontafeln (1929 in Syrien gefunden) wird Adam als Gott dargestellt, der mit einem "bösen Gott" kämpft. Dieser vergiftet als Schlange den "Baum des Lebens" und macht Adam mit einem Biss zu einem sterblichen Wesen. Die Sonnengöttin tröstet Adam und die Menschheit jedoch mit Eva, einer "guten Frau".[65]

---

[64] „Du sollst nicht nach dem Haus deines Nächsten verlangen. Du sollst nicht nach der Frau deines Nächsten verlangen, nach seinem Sklaven oder seiner Sklavin, seinem Rind oder seinem Esel oder nach irgendetwas, das deinem Nächsten gehört." (Ex 20,17 bzw. vgl. Dtn 5,6-21)

[65] http://diepresse.com/home/science/3807295/Eva-hatte-keine-Schuld_Forscher-entschlusseln-Tontafeln?from=suche.intern.portal (18.5.2014; letzter Zugriff 1.3.2015)

Die Beschneidung:

Anstelle von Erbsünde und Taufe hält die Religionsvererbung im Judentum wie im Islam allerdings ein weit schlimmeres, barbarisch-blutiges Primitivritual aus grauer Vorzeit bereit, das letztendlich durch Übernahme in die „Heiligen Bücher" sakrosankt gestellt wurde; der wahre Sündenfall, der sich auch im 21. Jahrhundert noch immer ungestraft gegen Menschenrechte, Kinderrechte und Grundgesetz dank „politisch-toleranter" Anbiederung gegenüber kultureller wie religiöser Anmaßung weitervererben darf!

Bei den Naturvölkern scheint die männliche Beschneidung als Pubertätsritus noch „den Übergang aus einer Altersklasse in die andere"[66] zu bezeichnen. Ein Initiationsritus, welcher durch diese damit verbundene rituelle Kastrationsandrohung der Kontrolle aggressiver wie auch sexueller Impulse gedient haben könnte.

> „Durch ein demonstratives, öffentlich wiederholtes Ritual mit Drohpotenzial wird ein Phantasieraum erschlossen, in dem Kastration als Strafe vielleicht doch möglich ist. Die rigide patriarchalisch geprägte Loyalität, die durch dieses Ritual erzeugt wurde, diente einerseits also wohl der sozialen Triebkontrolle, andererseits der Herausbildung einer Gruppenidentität."[67]

Im Judentum geht es unter eklatanter Verletzung des Persönlichkeitsrechts eines wehrlosen nur eine Woche alten Kindes um die sture Erfüllung angeblich göttlich verordneter Pflichten.[68] Hier berichtet auch ein christliches Zeugnis des St. Jaco-

---

[66] Reik, Theodor: *Die Pubertätsriten der Wilden* (2010): S. 52

[67] Franz, Matthias, *Genitalbeschneidung bei Jungen* in: http://www.magazin-auswege.de/data/2012/07/PM_UniDuesseldorf_Genitalbeschneidung_bei_Jungen_ 2012-07-18.pdf (letzter Zugriff 19.5.2014)

[68] „Das ist mein Bund zwischen mir und euch samt deinen Nachkommen, den ihr halten sollt: Alles, was männlich ist unter euch, muss beschnitten werden. Am Fleisch eurer Vorhaut müsst ihr euch beschneiden lassen. Das soll geschehen zum Zeichen des Bundes zwischen mir und euch. Alle männ-

bus de Voragine (um 1230-1298) wieder einmal darüber, was Gott angeblich wünsche:

> „Doch Gott wollte auch, dass die Beschneidung nicht länger verzogen werde als bis zum achten Tag, um derlei Ursachen willen [...] Zum dritten soll der Schmerz der Eltern getröstet werden; denn da viele Kinder von der Beschneidung sterben, so wäre der Eltern Leid größer, wenn sie ein älteres Kind verlören als nur eines von acht Tagen."[69]

Nebenbei offenbar noch ein religiös-„darwinistischer" Fitness-Test. Dass natürlich auch dieser Ritus menschlichen und nicht göttlichen Ursprungs ist, zeigt schon der rabbinische Erlass zu Anfang des 2. Jahrhunderts, der die ursprüngliche „Milah" (es wird nur der überstehende Teil der Vorhaut entfernt) dann durch die „Periah" und „Metzitzah B'Peh" verschärfte (die Vorhaut wird gewaltsam von der Eichel abgetrennt, damit sie restlos entfernt werden kann).

> „Vorhäute galten im alten Griechenland als das, was sie tatsächlich sind: natürlicher Bestandteil des Penis. Juden wurden wegen ihres entstellten Penis' verlacht. Um dem Spott zu entgehen, entschieden sich einige dazu, an dem Rest ihrer Vorhaut so lange zu ziehen, bis sie wieder einigermaßen normal aussah. Damit verleugneten sie aber natürlich ihre Zugehörigkeit zum Judentum, und das erregte den Zorn der Rabbiner. Daraufhin nahmen diese eine folgenschwere Änderung am Beschneidungsritual vor."[70]

---

lichen Kinder bei euch müssen, sobald sie acht Tage alt sind, beschnitten werden in jeder eurer Generationen, seien sie im Haus geboren oder um Geld von irgendeinem Fremden erworben, der nicht von dir abstammt. Beschnitten muss sein der in deinem Haus Geborene und der um Geld Erworbene. So soll mein Bund, dessen Zeichen ihr an eurem Fleisch tragt, ein ewiger Bund sein. Ein Unbeschnittener, eine männliche Person, die am Fleisch ihrer Vorhaut nicht beschnitten ist, soll aus ihrem Stammesverband ausgemerzt werden. Er hat meinen Bund gebrochen." (Gen 17,10-14)

[69] *Legenda Aurea* des St. Jacobus de Voragine, p. 99 in: Gopal: S. 144

[70] http://evidentist.wordpress.com/2012/10/08/der-absolute-nullpunkt-der-ultra-orthodoxie/ (letzter Zugriff 1.3.2015)

In diesem Fall also sicherlich kein göttlicher „Wunsch", sondern rabbinische Selbstgerechtigkeit und demagogische Borniertheit, ganz abgesehen von der unhygienischen wie unappetitlichen Metzitzah B´Peh der Ultraorthodoxen, bei der der Mohel (Beschneider) auch heute noch das Blut mit dem Mund absaugt. Wenn ein schon damals Jahrtausende altes Ritual durch rabbinischen Beschluss geändert und verschärft werden konnte, warum sollte es dann nicht möglich sein, zumindest diesen Beschluss wieder rückgängig zu machen?

Im Koran gibt es keine explizite Anweisung zur Beschneidung und sie wurde ebenso aus vorislamischer Zeit übernommen (wie auch die weibliche Beschneidung, die ja im Judentum nicht vorgegeben ist) und wird bis heute von Gläubigen wie auch Neubekehrten („Proselyten") gefordert, indem sie nachträglich aus folgender Koranstelle abgeleitet wird:

> „Sagt: «Wir glauben an Allah und an das, was er uns und was Abraham und Ismael und Isaak und Jakob und den Stämmen offenbarte, und an das was Moses, Jesus und den (anderen) Propheten von ihrem Herrn gegeben wurde. Wir kennen keinen Unterschied. Wir bleiben Allah ergeben.»" (2,137; vgl. auch 3,85)

Es kursiert im Islam auch der Mythos, dass Propheten - also auch Mohammed - ohne Vorhaut geboren worden seien. Der Widerspruch, dass auch Jesus im Koran als Prophet anerkannt, im Christentum aber seine Beschneidung gefeiert wird, sei nur nebenbei erwähnt. Bei der islamischen Beschneidung gilt, dass mindestens die Hälfte der Vorhaut entfernt werden muss. Auch gibt es kein bestimmtes Alter für die Beschneidung. Es ist üblich, Knaben zwischen dem 7. und 10. Lebensjahr zu beschneiden, auch wenn nach islamischer Theologie unter Berufung auf die jüdische Tradition die Beschneidung schon am siebten [sic] Lebenstag[71] erfolgen sollte. Im islamischen Recht gilt allgemein:

---

[71] http://islam.de/20776 (letzter Zugriff 1.3.2015)

> „Wenn der Nutzen eines schmerzzufügenden Eingriffs beim Lebewesen größer ist als der durch diesen Eingriff hervorgerufene Schaden, dann ist dieser Eingriff zu befürworten."[72]

Die Beschneidung folgt diesem Prinzip, wobei wir wieder fragen dürfen, wem dieser Nutzen wohl zugute kommen soll. Auch Muslime glauben zu wissen, wenn Allah etwas empfehle, dann liege garantiert ein Nutzen für uns - also für die Menschheit - dahinter. Gott zeige durch seine Propheten nichts, was für die Menschheit unwichtig oder unnütz wäre. Auch soll der Geschlechtsverkehr mit einem beschnittenen Mann zu einem schnelleren Orgasmus der Frau führen und die Beschneidung verschiedenen Geschlechtskrankheiten vorbeugen. In diesem Zusammenhang ist vielleicht auch noch erwähnenswert, dass das angeblich so zufriedenstellende eheliche Liebesleben der Muslime häufig dazu führt, dass ein homoerotisches Doppelleben verheirateter Männer und Frauen weit verbreitet ist und es in der arabischen Welt mehr lesbische Frauen gibt als etwa in Europa.[73] Jenen, ob nun jüdisch, moslemisch oder „nur" nach elterlichem Willen beschnittenen Männern, deren Frauen sich offenbar mit einem angeblich „schnelleren" Vaginalorgasmus begnügen sollen, würde man gerne mehr Aufklärung über die weibliche Genussfähigkeit wünschen, sofern diese nicht auch beschnitten wurde. Auf den Vergleich mit einer intakten, naturbelassenen Männlichkeit müssen beide ohnedies verzichten.

„Da Sexualität der Kern der Selbstwahrnehmung der Person ist"[74] und die Körperwahrnehmung bei der Suche nach der eigenen sexuellen Identität eine absolut entscheidende Rolle spielt, dürfte klar sein, welches Ziel die frommen Religionshüter im Blick haben. Sie vollziehen einzig einen körper-

---

[72] http://www.enfal.de/hitan.htm *Die Beschneidung im islamischen Rechtssystem* (letzter Zugriff 1.3.2015)

[73] Shaaban, Bouthaina, *Both Right and Left Handed: Arab women talk about their Lives*, London (Women´s Press), 1998: S. 125 f. in: Gopal: S. 258

[74] Steinbach, Kerstin: *Rückblick auf den Feminismus:* S. 173

feindlichen, religiös-disziplinierenden Ritus, der sich mit keinem „verlogenen Argument“ der Hygiene oder angeblicher Prävention von Prostata, Peniskrebs[75] oder gar Syphilis[76] rechtfertigen lässt. Von den gesundheitlichen Nebenwirkungen und Komplikationen bis hin zum Tod wie auch den psychischen Folgen, die bei einer Beschneidung auftreten können, wird erst gar nicht gesprochen, geschweige denn von der Hauptwirkung, die auf die irreversible sexuelle Abstumpfung und damit den Verlust eines erheblichen Teils der sexuellen Genussfähigkeit zielt, weist doch die Vorhaut, im Gegensatz zur Eichel, eine hohe Dichte an sensiblen Nerven und Tastkörperchen auf. Schon der jüdische Arzt und Philosoph Moses Maimonides (um 1135-1204) meinte, „Sinn der Beschneidung sei es, die Geschlechtsorgane zu schwächen, sodass sie nur noch zur Zeugung taugen, aber keine überschüssige Lust mehr zulassen könnten“.[77]

Gerade bei der islamischen Beschneidung, weil sie in der Regel im vorpubertären Alter, also einer sehr empfindlichen Phase der kindlichen Sexualentwicklung durchgeführt wird, findet ein schwerwiegender Vertrauensbruch insbesondere gegenüber der gerade in diesem Alter besonders verehrten und geliebten Mutter statt, die die Beschneidung nicht nur nicht verhindert, sondern auch noch gutheißt – oder zumindest gut-

---

[75] Vgl. Gopal, Jaya: *Gabriels Einflüsterungen*: S. 143: Peniskrebs bei 0,2 von 100.000 Männern, Krebse der Hoden, Nebenhoden oder der Samenstränge 2,0, also 10mal häufiger, Krebse der Prostata, Samenblase und Adnexen 20,4 von 100.000. Anm.: Dies bedeutet, dass andere Krebserkrankungen an den männlichen Genitalien, die nicht mit der Beschneidung zusammenhängen, ein zehn- bzw. hundertfach größeres Risiko als der Peniskrebs aufweisen.

[76] Vgl. Ebenda: Zit. N.: Joseph Lewis: *In the Name of Humanity*! (Freethought Press. Ass.), New York 1985: Zit. aus der Jüdische Enzyklopädie zu diesem Thema: dass er [der Autor] „zu viele Fälle von syphilitischen Primärinfektionen bei Beschnittenen gesehen habe, um die Vermutung bestätigen zu können, dass die Beschneidung irgendeine Immunität verleihen könnte.“

[77] Tutsch, Josef: *Heilige Körperverletzungen* in: Franz, Matthias: *Die Beschneidung von Jungen*: S. 37

heißen muss.[78] Dass daraus einerseits ein abwertendes Frauenbild und andererseits ein überkompensierend selbstherrlicher Männlichkeitswahn resultieren, sollte uns daher nicht weiter verwundern, wie auch die besonders in konservativ-islamischen Ländern auffallende sexuelle Belästigung und der Missbrauch auch von „ehrbar“ verschleierten Frauen (siehe S. 14 und S. 100). Auch das koranisch „geheiligte“ Züchtigungsrecht gegenüber den Ehefrauen (Sure 4,35, S. 93) ist ebenfalls Ausdruck dieser männlich-misogynen Überheblichkeit.

Eine besonders frauenverachtende Perfidie der islamischen, schariagemäßen „Rechtsprechung“ ist die Tatsache, dass bei Vergewaltigungen die Beweislast immer beim Opfer liegt. So ist es für Frauen nahezu unmöglich, eine Vergewaltigung zu beweisen, da kaum anzunehmen ist, dass nach den Erfordernissen der Scharia entweder der Täter freiwillig ein Geständnis ablegt oder aber vier männliche (!) Zeugen[79] von der Frau benannt werden können und in diesem Falle dann auch noch aussagewillig wären. Ganz im Gegenteil müssen also Frauen bei einer Anzeige immer damit rechnen, ihrerseits mit einer Anzeige und Bestrafung für die „Verleumdung wegen Unzucht“ bestraft zu werden.[80]

Der Islam kann aber auch noch eine weitere Form menschenverachtender Erniedrigung und Kränkung für sich in Anspruch nehmen, indem er auch die weibliche Genitalverstümmelung aus archaischer Zeit in die Gegenwart „vermittelt“ hat[81]. Die Scheußlichkeiten und physischen wie auch psy-

---

[78] Vgl. Franz, Matthias: *Die Beschneidung im Islam* in: Franz: S. 157 ff.

[79] Siehe Sure 2,283, S.90 Anm.: Auch wenn etwa im Iran maximal zwei Männer durch vier Frauen ersetzt werden können , ändert dies wenig daran, dass die Vergewaltiger zumeist ungeschoren davonkommen.

[80] Schirrmacher/Spuler-Stegemann: S.203.

[81] Folgende Hadithe Mohammeds werden überliefert: „Die Beschneidung von Mädchen bemisst den Wert des Mädchens.“ – „Beschneide die Mädchen, aber übertreibe nicht, da diese Art der Beschneidung von den Ehemännern am meisten gewünscht ist und das Gesicht der Frau auf bestmögliche Art und Weise strahlen lässt.“ In: http://webcache.googleusercontent.com/

chischen Folgen der verschiedenen Formen der Exzision und Infibulation sollen hier nicht mehr weiter beschrieben werden.[82] Es sollte aber doch auch noch erwähnt werden, „dass die Entfernung der Vorhaut der Jungen ein vergleichbar schädigender Eingriff ist wie beispielsweise ein Einschnitt in die Klitorisvorhaut beim Mädchen oder deren teilweise Entfernung."[83] Trotzdem wird auch diese Art weiblicher Beschneidung als „Genitalverstümmelung" bezeichnet, während die männliche Beschneidung – medizinisch und sachlich-neutral als „Zirkumzision" bezeichnet – in jedem Fall aber auch eine irreversible Genitalverstümmelung bedeutet, bemerkenswerter Weise aber trotzdem nicht als solche gesehen werden will.

Ob nun eine psychoanalytische Erklärung „anti-ödipaler Präventivschläge"[84] oder eine andere Ätiologie dieser frühgeschichtlichen Kinderdisziplinierung zugrunde liegt[85] – in einer humanen, aufgeklärten Welt dürfen solch barbarische Rituale keinen Platz mehr haben, ein brutal-archaisches Brauchtum, das „außer bei Juden und Moslems in verschiedenen Formen bei vielen zurückgebliebenen Stämmen praktiziert wird".[86] Der Zweck scheint auf jeden Fall klar: Während bei der Exzision bis hin zur Infibulation die Frau als minderwertiges Wesen oft überhaupt zum Sexualkrüppel degradiert wird, werden daher natürlich auch dort – umso mehr als bei der männli-

---

search?q=cache:65jcMJ2qtIJ:www.faithfreedom.org/German/+&cd=1&hl=de&ct=clnk&gl=at Artikel *Frauenbeschneidung* (letzter Zugriff 1.3.2015)

[82] Vgl. Gopal: S. 145 ff.

[83] Kupferschmid, Christoph: *Die Beschneidung von Knaben aus kinder- und jugendärztlicher Sicht* in Franz: S. 92 (Kupferschmid ist Kinder- und Jugendarzt und Mitglied der Kommission für ethische Fragen der deutschen Akademie für Kinder- und Jugendmedizin)

[84] Steinbach: S. 255

[85] Onfray, Michel: *Anti Freud* (2011): S. 122 ff. Onfray bezweifelt die Universalität des Ödipuskomplexes und schreibt diesen Freuds eigener inzestuöser Psyche zu, die dieser als allgemein gültig an den Beginn der Menschheit zurück und auch in alle Zukunft projiziert habe. Vgl. auch die Ausführungen zum geschichtlich-kulturellen Hintergrund von Matthias Franz: *Beschneidung ohne Ende?* in Franz: S. 133 ff.

[86] Gopal: S. 140

chen Beschneidung - sexuelle Angst- und Schuldgefühle, sowie eine allgemeine Disziplinierung initiiert, die in der Folge dann auch außersexuelle Bereiche infiziert und somit die gewünschte Untertanenmentalität produziert.

> „Religion gilt dem gemeinen Manne als wahr, dem Weisen als falsch und dem Herrschenden als nützlich."[87]
> „Religion ist eine Beleidigung der Menschenwürde. Mit oder ohne sie würden gute Menschen Gutes tun und böse Menschen Böses. Aber damit gute Menschen Böses tun, bedarf es der Religion."[88]

Wie anders können wir uns wohl das Fehlen jeglicher Empathie der bornierten Gotteswächter gegenüber wehrlosen Kindern erklären. Sie scheinen weder mit Vernunft noch mit Gewissen begabt, noch mit dem Geiste der Geschwisterlichkeit „gesegnet" (Artikel 1 AEMR).

Doch alle, auch wenn sei das grundsätzlich schlechte Gewissen und die Ängste, die sie im Rahmen religiöser Indoktrinierung via Erbsünde oder Beschneidung mitbekommen haben, können sich heute - zumindest in demokratisch-säkularen Staaten und trotz des nicht zu unterschätzenden Konformitätsdrucks ihrer Gruppe - dafür entscheiden, sich den Verkündern dieser Absurditäten zu verweigern und wenigstens die eigenen Kinder davor zu bewahren, dass diese Gewaltspirale sich von Generation zu Generation weiter dreht. Jeder hat zwar *[d]as Recht, alles zu glauben - nicht aber, alles zu tun*[89].

---

[87] Seneca, um 4 v.u.Z.-64; Originalquellen sind nicht gesichert.

[88] Steven Weinberg, amerikanischer Physiker und Nobelpreisträger in einer Rede auf der Konferenz „Cosmic Questions" der *American Association for the Advancement of* Science im National Museum of Natural History in Washington am 15. 4. 1999: „Religion is an insult to human dignity. With or without it you would have good people doing good things and evil people doing evil things. But for good people to do evil things, that takes religion." in: http://de.wikipedia.org/wiki/Steven_Weinberg (letzter Zugriff 1.3.2015)

[89] Rupprecht, Marlene, *Das Recht, alles zu glauben - nicht aber alles zu tun* in: Franz: S. 421 ff.

Den Amputationschirurgen Gottes sollte, oder besser: muss endlich dieses (Un-)Recht, andere Menschen und schon gar nicht unmündige, nicht einwilligungsfähige Kinder irreversibel zu schädigen, von einem säkularen Staat, der die Menschen- und Kinderrechte anerkennt, ohne Wenn und Aber genommen werden! Die Diskussion um die ohnedies fragwürdige Effektivität einer Schmerzbehandlung verstellt nur den Blick auf diese ethisch inakzeptable Verletzung der Persönlichkeitsrechte. Klar wie zynisch meinte Paul Spiegel (1937-2006)[90]: „Den Bund mit Gott muss man sozusagen bei vollem Bewusstsein vollziehen."[91] Wir dürfen aber doch wieder fragen, mit welchem „Bewusstsein" ein acht Tage altes Kind dieses Geschehen wohl erleben kann.

In Österreich, wie auch ähnlich in anderen Staaten Europas, sollte laut Grundgesetz jeder Jugendliche ab dem 14. Lebensjahr seine Religion selbst bestimmen können und gilt somit erst ab diesem Alter als voll religionsmündig. Dass bis zum 10. Lebensjahr ausschließlich die Eltern über eine Religionszugehörigkeit entscheiden, steht dazu allerdings im Widerspruch. Bereits zwischen dem 12. und 14. Lebensjahr kann aber ein Religionswechsel durch die Eltern ohne Zustimmung des Jugendlichen nicht mehr erfolgen. Die irreversible Beschneidung steht auch diesem Recht diametral entgegen und dürfte somit frühestens mit diesem Alter und nur mit Einwilligung des Jugendlichen durchgeführt werden.

Das Diktum von Richard Dawkins: „Ich bin ein Gegner der Religion. Sie lehrt uns, damit zufrieden zu sein, dass wir die Welt nicht verstehen"[92] könnte man auch dahingehend weiterführen, dass uns die Verkünder jeglicher Absurditäten einreden wollen, mit unseren natürlichen körperlichen Anlagen und geistigen Entwicklungsfähigkeiten grundsätzlich *nicht* zufrieden sein zu dürfen, uns möglichst unvollkommen und sün-

---

90 Vorsitzender des Zentralrates der Juden in Deutschland von 2000-2006

91 Tutsch, Josef: *Heilige Körperverletzungen* in Franz: S. 30

92 Dawkins, Richard: *Der Gotteswahn*: Titelseite

dig zu fühlen und was die Sexualorgane der Juden und Muslime betrifft, sich dort auch noch unvollkommen machen zu lassen, obwohl die Bibel doch berichtet:

> „Gott schuf also den Menschen als sein Abbild; […]" (Gen 1,27) und: „Gott sah alles an, was er gemacht hatte: Es war sehr gut." (Gen 1,31)

Ebenso hat auch Mohammed verkündet:

> „Allah ist es, [...]; der euch geformt, und zwar schön geformt hat [...]." (40,65)

Die vermeintlich nicht religiös motivierte Beschneidung wurde insbesondere in den USA im 19. Jahrhundert durch eine pseudorationale „Medikalisierung"[93] propagiert. Die gesundheitlichen Vorteile und die angebliche Verhinderung bestimmter Krankheiten wurden schon damals mit unbelegten, heute großteils widerlegten, „naturwissenschaftlichen" Begründungen, also nur Vermutungen, performativ behauptet, wobei auf Grund der - natürlich religiös tradierten - Sexualfeindlichkeit neben der „Hygieneverbesserung" auch auf eine „Masturbationskontrolle"[94] gezielt und damit begonnen wurde, die Beschneidung von Knaben nahezu flächendeckend einzuführen. Obwohl die USA von den „westlichen", nicht-muslimischen Staaten den höchsten Prozentsatz an Beschneidungen aufweisen, treten jene Krankheiten, die die Zirkumzision angeblich verhindern soll, dort am häufigsten auf.[95] Die Risiken und möglichen physischen wie psychischen Spätfolgen überwiegen deutlich allfällig vorbeugende Effekte, die jeweils im statistischen Minimalbereich liegen[96] und erst im Alter sexuel-

[93] Vgl. Moll, Friedrich H.: *Medizingeschichtliche und urologische Aspekte der Knabenbeschneidung* in Franz: S. 62
[94] Vgl. Ebenda: S. 61
[95] Kupferschmid sin Franz: S. 92
[96] Vgl. Ebenda: S. 96 ff.

ler Betätigung überhaupt in Betracht kommen, also niemals ein Argument für eine Kindesbeschneidung sein können.

> „Ein Mittel gegen die Masturbation..., die Operation sollte von einem Arzt ohne Betäubung durchgeführt werden, weil der kurze Schmerz einen heilsamen Effekt hat, besonders, wenn er mit Gedanken an Bestrafung in Verbindung gebracht wird. Bei Mädchen ist die Behandlung mit unverdünnter Karbolsäure hervorragend geeignet, die unnatürliche Erregung zu mindern."[97]

Die Sexualität und - horribile dictu - die Selbstbefriedigung sei „unnatürlich", daher Sünde und müsse deshalb schon prophylaktisch bestraft werden, was sonst? Hier hatte Gottes Wille offenbar auch keine Macht über das angebliche „Design" seiner Evolution.

Dass auch die (vermeintlich) nicht-religiöse Beschneidung, wie sie etwa in den USA auch heute noch an ca. 55-60 %[98] der männlichen Säuglinge als Routine-Eingriff durchgeführt wird, neben evangelikaler Prüderie auch ein ökonomischer Aspekt und damit ein lukratives Geschäftsinteresse innewohnt, sollte nicht unerwähnt bleiben. Die Ignoranz, mit der Eltern trotz „Empfehlung" der Geburtshelfer, die damit ein zusätzlich profitables Geschäftsfeld aufrecht erhalten wollen, weniger aus Sorgfaltspflicht als aus ökonomischen Gründen ihre Gesinnung ändern, zeigt der Rückgang an Beschneidungen auf weniger als 10 % in jenen amerikanischen Staaten, wo die Krankenkassen die Bezahlung der Beschneidung eingestellt haben. In manch anderen Staaten dagegen, „wo diese Operation überwiegend weiter bezahlt wurde, werden heute noch über 80 % [!] der neugeborenen Knaben beschnitten"[99]. Die Folgen psychischer Traumatisierungen, die erhebliche Verminderung der

---

97 J.H. Kellogg (1852-1943), US-amerikanischer Arzt, in: Herzberg, Rolf Dietrich: *Die Beschneidung gesetzlich gestatten?* in: http://www.zis-online.com/dat/artikel/ 2012_10_705.pdf S. 486, FN 1 (letzter Zugriff 1.3.2015)

98 Vgl. Moll in Franz: S. 53: in Deutschland und Österreich ca. 10 %.

99 Kupferschmid in Franz: S. 91

sexuellen Erlebnisfähigkeit wie auch die Risiken von Komplikationen bis hin zum Tod des Kindes wurden und werden auch hier offensichtlich überhaupt nicht in Betracht gezogen oder verantwortungslos verharmlost.

Würden Eltern immer darüber aufgeklärt, welche Folgen durch eine Beschneidung tatsächlich auftreten oder auftreten können, dann würde vielleicht doch immer mehr die Vernunft siegen und sie würden auf ihre in Wirklichkeit ausschließlich *eigene* religiöse Selbstverwirklichung unter dem Deckmantel der Glaubens- und Weltanschauungsfreiheit doch zum Wohle ihres Sohnes verzichten und ihm zu gegebener Zeit die eigenverantwortliche Entscheidung selbst überlassen. Niemals kann aber das eigene Recht auf freie Religionsausübung das Verfügungsrecht über die physische und psychische Integrität eines anderen Menschen - also auch die des eigenen Kindes - beanspruchen.[100] Die Beschneidung verletzt somit eindeutig den elterlichen Erziehungsauftrag der „Pflege" und Sorge nach dem „Wohl des Kindes". Noch einmal muss darauf verwiesen werden, dass Kinder nicht Eigentum der Eltern oder gar einer Religionsgemeinschaft sind, sondern dass die körperliche Unversehrtheit wie auch die Religionsfreiheit ihre ureigensten Persönlichkeitsrechte sind, die von niemandem zu „beschneiden" sind![101]

Die folgende Auflistung zitiert aus einer Expertise von Holm Putzke[102], über welche Folgen und Risken neben dem mit der Zirkumzision verbundenen Sensibilitätsverlust zumindest deutsche Eltern durch eine bundesgesetzliche Regelung auch von einem nichtärztlichen Beschneider aufzuklären sind, damit ihre Einwilligung überhaupt wirksam wird (BGB § 630):

---

100 Vgl. Herberg, Rolf Dietrich: *Ethische und rechtliche Aspekte der Genitalbeschneidung* in Franz: S. 307

101 Vgl. Schewe-Gerigk, Irmingard: *Kinderrechte sind unverhandelbare Menschenrechte* in Franz, S. 401

102 Putzke, Holm: *Die Beschneidungsdebatte aus Sicht eines Protagonisten* in Franz: S. 340 f. (Putzke ist Professor für Strafrecht an der Universität Passau. Zu seinen Tätigkeitsbereichen gehört auch Medizin- und Jugendstrafrecht)

- irreversibler Verlust der Penisvorhaut,
- Verlust ihrer schützenden Funktion (vor Schadstoffen, Reibung, Austrocknung und Verletzungen),
- Verlust antibakterieller und antiviraler Funktionen, Kappung von Verbindungskanälen für zahlreiche Venen, gegebenenfalls mit der Folge einer erektilen Dysfunktion
- psychische Folgen (z.B. Kastrationsängste bei Jungen, die den Beschneidungsakt bewusst miterleben).

Möglichkeit folgender Komplikationen:

- lokale Blutungen,
- Nachblutungen,
- lokale und systemische Infektionen,
- unzureichende Vorhautverkürzung (mit der Folge einer Re-Zirkumzision aus ästhetischen Gründen oder wegen einer sekundären Phimose),
- zu starke Vorhautverkürzung,
- Verwachsungen der verbleibenden Penishaut mit der Glans,
- Blasenbildung unter der verbleibenden Penishaut,
- Meatitis (Entzündung der Harnröhrenöffnung)
- Meatusstenose (Verengung der Harnröhrenmündung),
- Harnsperre wegen des Verbandes,
- sekundäre Phimose,
- Chordee (abnormale Kurvenhaltung des [erigierten] Penis),
- Hypospadie (zu weite und an der Unterseite des Penis mündende Öffnung des Harnwegs),
- Epispadie (an der Oberseite des Penis mündende Harnöffnung),
- Fistelbildung zwischen Harnröhre und Penishaut,
- Nekrotisierung des Penis,
- (Teil-)Amputation des Penis,
- Schmerzen während und nach der Zirkumzision,
- schmerzende Narben an Vorhautresten,
- allergische Reaktionen auf Medikamente,
- abnormale Wundheilung,
- Behandlungsfehler,
- Tod des Beschnittenen.

> Zu den Risiken zählen neben psychischen Spätfolgen [...] übrigens auch klassische Anästhesie- und Operationsrisiken.

In Österreich haben höchstgerichtliche Entscheidungen bei Schadenersatzprozessen die ärztliche Aufklärungspflicht und Einwilligung des Patienten geregelt: „Die ärztliche Aufklärung soll den einwilligenden Patienten instandsetzen, die Tragweite seiner Einwilligung zu überschauen [...]. Der Patient kann nur dann wirksam seine Einwilligung abgeben, wenn er über die Bedeutung des vorgesehenen Eingriffes und seine möglichen Folgen hinreichend aufgeklärt wurde [...].[103]

In der Schweiz gibt es ebenso Entscheide des Bundesgerichts in verschiedenen Einzelverfahren; die Aufklärung des Patienten oder des (der) Bevollmächtigten und dessen (deren) Einwilligung ist aber zumindest in einer Ärzteinformation *Aufklärungspflicht bei medizinischer Behandlung* des Schweizerischen Versicherungsverbandes (2007) klar geregelt.[104]

Wie auch immer - die Vorhautamputation ist mit den humanistischen Werten einer modern-zivilisierten Gesellschaft schlicht unvereinbar!

---

103 https://www.ris.bka.gv.at/Dokument.wxe?Abfrage=Justiz&Dokumentnummer=JJT_20010228_OGH0002_0070OB00233_00S0000_000 (letzter Zugriff 15.3.2015)

104 www.svv.ch/.../Aufklaerungspflicht_bei_medizinischer_Behandlung.Pdf unter: https://www.google.at/?gfe_rd=cr&ei=UpxfVIeOKK2t8weit4HoDA&gws_rd=ssl#q=%C3%A4rztliche+aufkl%C3%A4rungspflicht+schweiz (letzter Zugriff 15.3.2015)

Zynische Argumente und absurde Analogien

Anlässlich des Beschneidungsurteils des Kölner Landgerichts vom 17.5.2012[105] konnte die in Kommentaren und Interviews folgende, hier auszugsweise wiedergegebene Debatte verfolgt werden.

Das historische Argument und zwei verharmlosende Behauptungen:

> „Die Beschneidung ist ein jüdischer Brauch, der seit Jahrtausenden zentraler Bestandteil der jüdischen Identität unseres Volkes ist und das jüdische Volk auszeichnet, seitdem Gott Abraham dieses Gebot auferlegt hat."[106]
> [...] "eine Jahrtausende alte Tradition bestimmter Weltreligionen, die weder lebensgefährlich ist, noch die Sexualität von Männern beeinträchtigt [...]."[107]
> „Die Vorhautbeschneidung ist biologisch eine Bagatelle."[108]

Das archaische Alter von Bräuchen und Ritualen ist kein nachvollziehbares Argument und im Grunde ein geistiges Armutszeugnis. Auch die Steinigung, das strafweise Abtrennen von Gliedmaßen etc. sind solches „Brauchtum", von jenen Bräuchen unzivilisierter Völker ganz zu schweigen. Zivilisierte Staaten haben auch die Jahrtausende alte Folter abgeschafft. Die „biologische Bagatelle" muss nicht mehr weiter kommentiert werden.

---

105 AZ.: 151 Ns 169/11

106 Rössler, Hans-Christian / Rasche, Uta: *Beschneidungsdebatte empört Israel*: Brief von Simon Peres an Bundespräsident Joachim Gauck in: http://www.faz.net/aktuell/politik/inland/rituelle-beschneidung-beschneidungsdebatte-empoert-israel-11867158.html, 24.8.2012 (letzter Zugriff 1.3.2015)

107 Stuiber, Petra: *Wenig durchdachter Spruch* in: *Beschneidung von Buben verbieten?* in: Der Standard, 18.6.2012

108 Spaemann, Robert, katholischer Philosoph in: www.kath.net/news/38289, 30.9.2012 (letzter Zugriff 1.3.2015)

Absurde Vergleiche und die religiöse Markierung:

> „Wenn man ein kleines Kind erstmals in seinem Leben in eine Badewanne setzt, wird es auch weinen. Die Beschneidung ist nicht brutal. Und die Religion ist die Religion."[109]

Eine bestechende Logik: Einen Überraschungseffekt mit einem extrem körperlichen Schmerz zu vergleichen. Logisch im theologischen Sinne ist natürlich der Vergleich, der den Schmutz betrifft, der in einer Badewanne abgewaschen wird, ist doch die Sexualität per se für alle Religionen unrein und gerade noch in der Ehe zur Produktion des religiösen Nachwuchses geduldet. Dass Religiöses jenseits jeder Diskussion die jeweils absolute Glaubenswahrheit für sich in Anspruch nimmt, darüber soll uns wohl der letzte Satz belehren. Auch im Koran heißt es ja schon unwiderlegbar: „Allah ist Allah!" (3,3)

> „Wenn Eltern entscheiden, ihr Kind, das ungleich lange Beine hat, operieren zu lassen." „[...], wenn Eltern ihre Kinder zu Leistungssportlern drillen [...]?[110]

Ein kürzeres Bein zu operieren ist eine medizinische Indikation, um weitere Auswirkungen auf den gesamten Organismus zu verhindern. Auch wenn man mit dem zweiten Argument an sich einverstanden sein kann, ist der Vergleich mit der Beschneidung dennoch absurd.

> „Wer sich mit Muttermalentfernungen, Zahnspangen, Tattoos und Ohrringen arrangieren kann, müsste auch den Verlust der Vorhaut verkraften können." – „Religiöse Rituale dienen nicht nur Gott. Sie erfüllen, sogar für Ungläubige, auch eine weltliche

---

[109] Deutsch, Oskar, Präsident der IKG Wien, Interview: *Die Beschneidung ist nicht brutal* in: Die Presse, 21.12.2012

[110] Stuiber, Petra in: Der Standard, 18.6.2012 (siehe FN 107, S. 52)

> Funktion. Mit ihnen zeigt man Zugehörigkeit, Verbundenheit miteinander, sie markieren, wer man ist und dass man da ist."[111]

Damit wird dem so Gezeichneten unmöglich gemacht - und das ist ja wohl auch der Zweck - jemals im Leben seine jüdische bzw. seine muslimische Abstammung auch physisch abzulegen. Mit der Religionsfreiheit und den Persönlichkeitsrechten, die gerade von Seiten der Religionen ständig beschworen werden, ist dies jedenfalls nicht zu vereinbaren. Hier werden Kinder ihrer Grundrechte beraubt und es wird der elterlichen (Erziehungs-)Gewalt und dem religiösen Missbrauch anstatt der Menschenwürde und Selbstbestimmung das Wort geredet. In derselben Weise könnte man jeden religiösen oder ethnischen (Miss-)Brauch argumentieren oder auch die Einführung der Scharia für Muslime innerhalb säkularer Staaten (wie teilweise ja schon gehandhabt) als quasi menschenrechtsfreie Enklaven befürworten und - konsequenterweise - abgetrennte Gliedmaßen ebenfalls nur als religiöse "Markierungen" betrachten. Am Ende könnten dann alle Religionshüter jenseits aller Rechtsstaatlichkeit den Gläubigen ihre angeblich gottgewollten religiösen Vorschriften aufzwingen. Bemerkenswerterweise gebietet jedoch gerade der jüdisch-orthodoxe Glaube die Unversehrheit des Körpers, eben weil er von Gott erschaffen wurde. Daher sind etwa auch Tätowierungen verboten:

> „[…] und ihr dürft auch keine Zeichen einritzen lassen. Ich bin der Herr." (Lev 19,28)

Somit gilt also die Beschneidung offenbar nicht als Versehrtheit.

---

111 Hamann, Sibylle: *Ein kleiner Schnitt und seine großen Folgen* in: Die Presse, 4.7.2012

Die neue Erbsünde und das quantitative Argument:

> „Das Kölner Beschneidungsurteil wird von der Konferenz Europäischer Rabbiner als schwerster Angriff auf jüdisches Leben seit dem Holocaust betrachtet."[112]

Hier wird das Verlangen, Beschneidungen nicht an Säuglingen durchzuführen, sondern zumindest nur an einwilligungsfähigen Jugendlichen, mit dem nazistischen Völkermord in Verbindung gebracht. Eine unfassbare Unterstellung und die Logik religiöser Eiferer, die - es sei wiederholt - weder mit Vernunft noch mit Gewissen begabt und auch nicht mit dem Geiste der Geschwisterlichkeit „gesegnet" scheinen.

> „Es hat ganze 70 Jahre gedauert, bis sich die Standesorganisation der deutschen Kinderärzte für diese Verbrechen entschuldigt hat. Und nun kommen die heutigen Kinderärzte und erheben sich über die essentiellen rituellen Grundlagen des Judentums und des Islams, also über gleich zwei Weltreligionen. Diese Leute sollten sich schämen." - „Wissen Sie, eigentlich betrifft die Beschneidung diese Leute doch gar nicht. Das erinnert mich an gewisse Zeitungspolemiken von Laien gegen das Zölibat. Das geht doch eigentlich nur katholische Priester etwas an." - „Eigentlich betrifft die Beschneidung diese Leute doch gar nicht."[113]

Ebenso wird mit diesen Aussagen heutigen deutschen Kinderärzten diffamierend die Geisteshaltung des Nationalsozialismus unterstellt. Auch hier scheint jedes vernünftige Argument zwecklos. Was hat der Zölibat mit den gesundheitlichen Ris-

---

[112] Goldschmidt, Pinchas, Präsident des Verbandes Europäischer Rabbiner in: http://www.tagesspiegel.de/politik/religionsfreiheit-europaeische-rabbinerkonferenz-kritisiert-beschneidungsverbot-scharf/6871524.html, 12.7.2012 (letzter Zugriff 1.3.2015)

[113] Nachama, Andreas, Rabbi, Direktor der Berliner Topographie des Terrors in: http://www.achgut.com/dadgdx/index.php/dadgd/article/das_koelner_urteil_hat_die_buechse_der_pandora_geoeffnet/ 26.8.2012 (letzter Zugriff 1.3.2015)

ken einer Beschneidung gemein, die zwar geleugnet werden, in Wahrheit den „rechtgläubigen" Rabbis und Imamen aber ziemlich gleichgültig sind? Zum Zölibat verpflichtet sich der Priester als erwachsener Mensch immerhin freiwillig. Zwangsverheiratung, schariarechtliche Körper- und Leibesstrafen (Auspeitschungen, Verstümmelungen), Steinigung oder Ehrenmord betreffen uns im Allgemeinen auch nicht direkt und sind trotzdem in einem säkularen Staat heute verboten. Zivilisierte Staaten haben ebenso jahrhundertealte Gepflogenheiten wie Folter, Hexenverbrennungen, die Todesstrafe oder etwa auch das Kastratentum bei Sängern abgeschafft. Und sollten uns vielleicht auch hungernde Kinder in Afrika oder Naturkatastrophen im fernen Asien gleichgültig sein? Auch das betrifft uns „Leute" ja „eigentlich" nicht direkt. Aber was angeblich nur die Gläubigen einer Religion angeht, sollte von allen anderen respektiert werden, auch wenn damit eine freiheitlich-demokratisch legitimierte Gesetzesordnung außer Kraft gesetzt wird. Und was wiederum die großen Mitgliederzahlen der sogenannten „Welt-Religionen" betrifft, so gilt auch hier der Satz von Bertrand Russell[114]: „Auch wenn alle einer Meinung sind, können alle unrecht haben." Oder, um Peter Sloterdijk zu zitieren, handelt es sich um „die zeitübliche Verwechslung von Kultur und Biomasse"[115].

> "Es ist erstaunlich zu sehen, dass Deutsche ihre Sensibilität gegenüber dem Weinen eines Babys entdecken. Ich habe diese Erfahrung in meiner Kindheit nicht gemacht." – "Das Leben eines jüdischen Kindes war den Deutschen damals gleichgültig."[116]

---

[114] Britischer Philosoph (1872-1970) Auf seinen Essay *Warum ich kein Christ bin* sei auch hier verwiesen.

[115] Sloterdijk, Peter: *Zorn und Zeit*: S. 349; Anm.: Kultur wohl auch im Sinne von Zivilisation gemeint.

[116] Oberrabbiner Israel Meir Lau; Überlebender des KZ Buchenwald in: http://www.sueddeutsche.de/politik/beschneidungsdebatte-in-israel-streit-um-ein-goettliches-gebot-1.1449976 25.8.2012 (letzter Zugriff 1.3.2015)

Der Holocaust als vom Judentum dem deutschen Volk offenbar in alle Zukunft auferlegte Erbsünde! Auch andere Staaten, allen voran wohl die skandinavischen, werden in hoffentlich nicht allzu ferner Zukunft der Pioniertat des Kölner Urteils folgen, auch wenn dieses vorerst politisch ausgehebelt wurde. Wie wird wohl dann die Argumentationslinie lauten? „Die Diskussion geht weit über eine Kollision mit der jüdischen Tradition hinaus."[117] Eine mit religiösen oder anderen ideologischen Interessen argumentierte Missachtung und Schädigung des Kindeswohls widerspricht ethischen Grundsätzen und damit natürlich auch den Menschen- und Kinderrechten. Wir alle sollten uns dafür einsetzen, dass uns das unnötige Leid nicht mehr gleichgültig ist, das Kindern von jüdischen, islamischen oder aber auch anderen Eltern angetan wird. Die Beschneidung ist letztlich nichts Anderes als sexueller Missbrauch und verstümmelnde Vergewaltigung von Unmündigen! Es ist auch mehr als paradox, wenn nun deutsche Eltern, wenn sie etwa die Selbstbefriedigung ihrer Söhne verhindern wollen, diese nach dem Gesetz zwar nicht schlagen, aber nun sehr wohl beschneiden lassen dürfen, das Ohrfeigen eines Fünfjährigen oder auch das als Karfreitagsritual verübte Aufdrücken einer Dornenkrone auf den Kopf des Kindes verboten ist (§223 Dt. StGB).[118] Das bereits auch in zahlreichen anderen Staaten verankerte „Recht auf gewaltfreie Erziehung" oder die Feststellung: "Körperliche Bestrafungen, seelische Verletzungen und andere entwürdigende Maßnahmen sind unzulässig" stehen nun zumindest in Deutschland durch einen einfachen Parlamentsbeschluss dazu im Widerspruch.[119] In Österreich ist auch nur das Tätowieren oder Piercen Jugendlicher

[117] Kupferschmid in Franz: S. 82

[118] Vgl. Scheinfeld, Jörg: *Die Knabenbeschneidung im Lichte des Grundgesetzes* in Franz: S. 370

[119] Beschluss des deutschen Bundestages vom 12.12.2012 zur Erlaubnis der Beschneidung von Jungen durch „die Mehrzahl der bemerkenswert schlecht informierten Abgeordneten" des dafür neu geschaffenen § 1631d BGB in Franz: S. 12

bis zum 14. Lebensjahr generell verboten. Trotzdem ist die religiös begründete Beschneidung erlaubt, obwohl gleichzeitig behauptet wird, das Grundgesetz stehe über religiösen Vorschriften. Da die weibliche Beschneidung natürlich auch weiterhin verboten bleibt, bedeutet die Knabenbeschneidung zusätzlich noch eine geschlechtsspezifische Ungleichbehandlung und ist somit auch schon von daher menschenrechtswidrig (Artikel 2 AEMR; siehe auch Artikel 5 AEMR).

Aber auch Joseph Ratzinger, noch als Präfekt der Glaubenskongregation, meinte, dass religiös begründete Vorschriften *über* die Menschenrechte zu stellen seien:

> "Man kann sich darum nicht auf diese Rechte des Menschen berufen, um sich den Äußerungen des Lehramtes zu widersetzen. Hier von der Verletzung von Menschenrechten zu reden, ist fehl am Platze, denn man verkennt dabei die genaue Hierarchie dieser Rechte."[120]

Und so kann es uns nicht mehr erstaunen, dass auch die katholische Kirche aus durchsichtigem Eigeninteresse religiöse Vorschriften und Riten ihrer Verwandten im abrahamitischen Glauben bis hin zur Beschneidung meint in Schutz nehmen zu müssen, da selbstverständlich auch jüdische Rabbiner wie islamische Imame glauben, dass ihre religiösen Gesetze über denen eines säkularen Staates zu stehen hätten. Auch der neue Präfekt der vatikanischen Glaubenskongregation, Kurienerzbischof Gerhard Ludwig Müller, hat Kritik an der Beschneidung von Buben aus religiösen Gründen zurückgewiesen:

> "Bei einer Beschneidung geht es weder um Verstümmelung noch ist es ein Eingriff in die Menschenrechte", es handle sich um eine jüdische und islamische Tradition, "die wir respektieren müssen".

---

[120] Die *Instruktion über kirchliche Berufung des Theologen* der Kongregation für die Glaubenslehre vom 24. Mai 1990 (n. 36-37)

> Die Debatte um die Beschneidung entspringe "auch einem gewissen deutschen Wahn der Gleichmacherei."[121]

Woraus entspringt dann wohl Beschneidung oder auch Taufe? *Das* ist innerreligiöser „Wahn der Gleichmacherei", um den eigenen absoluten Wahrheitsanspruch zu dokumentieren, während Beschneidungskritik fordert, dass eben *nichts* „gemacht" werden soll und daher sinnvollerweise wohl nicht als „Macherei" bezeichnet werden kann. Dieselbe Logik herrscht übrigens auch bei der immer wieder gerne vorgebrachten Ansicht, dass auch Atheismus ein Glaube sei. Die Ablehnung absurder Behauptungen bedarf jedoch keiner Rechtfertigung (siehe S. 7 f. bzw. Robinson: S. 13).

Es kann daher nicht Aufgabe des Staates sein, welche Religion auch immer anzuerkennen oder nicht, ganz zu schweigen von den kirchlichen Sonderprivilegien durch Konkordate mit dem Vatikan. All dies setzt im Grunde nur die Menschen- wie auch Kinderrechte innerhalb der jeweiligen Glaubensgemeinschaften wieder außer Kraft, die mit ihren dogmatischen Vorstellungen kollektiver Lebensführung damit eine staatlich anerkannte und damit von allen finanzierte Sonderstellung genießen. Die absolute Trennung von Staat und Religion wäre daher eine der vordringlichsten Aufgabe eines modernen, säkularen Staates, um die freiheitlich-demokratische Grundordnung sowie den Vorrang eben dieser Menschen- und Kinderrechte gegen jeden religiösen Herrschaftsanspruch und jede Anmaßung einer Richtlinienkompetenz der Agitatoren „jenseitiger Imperative"[122] vorgeblich gottgewollter Vorschriften auch in Zukunft für alle Bürger zu schützen.

---

121 http://diepresse.com/home/panorama/religion/1321740/Vatikan-verteidigt-Recht-auf-Beschneidung?from=suche.intern.portal 8.12.2012 (letzter Zugriff 1.3.2015)

122 Nietzsche, Friedrich: *Der Antichrist* (2012): S. 24

Artikel 8 (AEMR)
Jede Person hat Anspruch darauf, von den zuständigen innerstaatlichen Gerichten wirksam gegen Handlungen geschützt zu werden, durch die ihre Grundrechte verletzt werden, die ihr nach der Verfassung oder nach dem Gesetz zustehen.

UN-Kinderrechtskonvention (KRK) vom 20. November 1989

Artikel 3 Wohl des Kindes
(1) Bei allen Maßnahmen, die Kinder betreffen, gleichviel ob sie von öffentlichen oder privaten Einrichtungen der sozialen Fürsorge, Gerichten, Verwaltungsbehörden oder Gesetzgebungsorganen getroffen werden, ist das Wohl des Kindes ein Gesichtspunkt, der vorrangig zu berücksichtigen ist.

Artikel 14 Gedanken-, Gewissens- und Religionsfreiheit
(1) Die Vertragsstaaten achten das Recht des Kindes auf Gedanken-, Gewissens- und Religionsfreiheit.
(2) Die Vertragsstaaten achten die Rechte und Pflichten der Eltern und gegebenenfalls des Vormunds, das Kind bei der Ausübung dieses Rechts in einer seiner Entwicklung entsprechenden Weise zu leiten.

Artikel 19 Schutz vor Gewaltanwendung, Misshandlung, Verwahrlosung
(1) Die Vertragsstaaten treffen alle geeigneten Gesetzgebungs-, Verwaltungs-, Sozial- und Bildungsmaßnahmen, um das Kind vor jeder Form körperlicher oder geistiger Gewaltanwendung, Schadenszufügung oder Misshandlung, vor Verwahrlosung oder Vernachlässigung, vor schlechter Behandlung oder Ausbeutung einschließlich des sexuellen Missbrauchs zu schützen, solange es sich in der Obhut der Eltern oder eines Elternteils, eines Vormunds oder anderen gesetzlichen Vertreters oder einer anderen Person befindet, die das Kind betreut.

Artikel 24 Gesundheitsvorsorge
(3) Die Vertragsstaaten treffen alle wirksamen und geeigneten Maßnahmen, um überlieferte Bräuche, die für die Gesundheit der Kinder schädlich sind, abzuschaffen.

Zwei Beispiele absurder Rechtsprechung

Ein besonders absurder Richterspruch sei hier noch angeführt, der im Schweizerischen Uster eine Westafrikanerin wegen Körperverletzung verurteilt hat, weil sie ihren zweijährigen Sohn aus „traditionellen" Gründen, aber ohne Einwilligung des Ehemannes hat beschneiden lassen. Im Kanton Zürich müssen also *beide* Eltern mit dieser Körperverletzung ihres Kindes einverstanden sein, um der bemerkenswerten Logik dieses Gesetzes zu genügen: die zweifach „bewilligte" Körperverletzung hebt also diesen Tatbestand wieder auf.[123]

In diesem Zusammenhang ist auch noch erwähnenswert, dass der Schweizer Gesetzgeber demgegenüber mit einem richtungsweisenden Gesetz zum Schächtungsverbot zumindest mit den ebenso mit religiöser Begründung leidenden Tieren Mitleid zeigt.

Zum Kontrast hat uns die Rechtssprechung in Israel ein weiteres Beispiel geliefert, das uns nicht nur dort die Folgen der Verquickung von Staat und Religion drastisch vor Augen geführt hat. Nahezu gleichzeitig zu obigem Fall hat dort eine Mutter im Zuge eines Scheidungskrieges, der in Israel nur vor religiösen (!) Gerichten ausgetragen werden kann, eine Geldstrafe von 140,- Dollar täglich (!) bis zur Durchführung der Beschneidung erhalten, weil sie ihren Sohn *nicht* beschneiden lassen wollte.[124] Die Beschränktheit camoufliert-religiösen Denkens zeigt die Begründung des Rabbinats-Anwalts Shimon Yaakobi. Er argumentiert, dass es das Recht (!) des Kindes sei, auch gegen den Willen der Mutter beschnitten zu werden und dass unbeschnittene Jungen sich minderwertig

---

123 http://www.20min.ch/schweiz/zuerich/story/28913192 17.11.2013 (letzter Zugriff 1.3.2015)

124 http://www.newsdeutschland.com/n/Top/74w3ua0g0/Israel-Sohn-nicht-beschnitten-Mutter-verurteilt.htm Artikel *Israel: Das Kind hat das Recht, gegen den Willen der Mutter beschnitten zu werden* 28.11.2013 (letzter Zugriff 1.3.2015)

fühlen würden, weil all ihre Freunde beschnitten seien.[125] Dieses Argument führt sich, zumindest innerhalb Europas, selbst ad absurdum, es sei denn, dass im unbeschnittenen Freundeskreis dann umgekehrt wieder mit der „Höherwertigkeit" des „auserwählten" Volkes argumentiert würde.

Wenn inzwischen wenigstens manche Eltern einsehen, dass Kinder nicht ihr Eigentum sind, dann übernehmen die frommen Glaubenshüter die zufällig in ihrem Machtbereich Geborenen so selbstverständlich wie anmaßend in ihre „Leibeigenschaft". Das ist der wahre „Wahn der Gleichmacherei", um auf Kurienerzbischof Müller zurückzukommen. Es ist auch bemerkenswert, dass hier der Anwalt Jahwes glaubte, die thoragemäße Begründung mit dem Argument des Gruppenzwangs unterstützen zu müssen. Hier werden die Menschenrechte, im Besonderen das Recht auf individuelle Selbstbestimmung, Religionsfreiheit und körperliche Unversehrtheit in überheblicher Manier pervertiert und auf den Kopf gestellt. Aber Auserwähltheit will natürlich mittels irreversibler „Markierung" besonders dokumentiert und damit auch der Dünkel gegenüber Andersdenkenden gleich mitvererbt werden.

> „Es erben sich Gesetz´ und Rechte
> Wie eine ew´ge Krankheit fort;
> Sie schleppen von Geschlecht sich zum Geschlechte,
> Und rücken sacht von Ort zu Ort.
> Weh dir, daß du ein Enkel bist!
> Vom Rechte, das mit uns geboren ist,
> Von dem ist, leider! nie die Frage."
> (Mephisto in Goethes „Faust. Der Tragödie erster Teil")

---

125 http://www.israelhayom.com/site/newsletter_article.php?id=14627 10.01.2014: "The child's right and his best interest to be circumcised, like every Jewish boy in Israel, cannot be sacrificed, against his father's wishes, on the altar of the petitioner's right to religious freedom." [...] The child was born to a Jewish Israeli family. In another year or two, the child will go to nursery school, and there he will be surrounded by circumcised boys. It is no secret that toddlers notice everything that is different." (letzter Zugriff 1.3.2015)

Neben dem ultraorthodoxen Judentum halte ich im Besonderen auch den islamischen Fundamentalismus für jenes unheilvolle wie folgenschwere Erbe einer Herrschaftsideologie mit dem anmaßenden Gesinnungsterror archaisch-patriarchalischer Männergesellschaften, die grundsätzlich auch in allen anderen Religionen mehr oder weniger latent am Werke sind und überall dort ihre „Glaubenswahrheiten" menschenrechtswidrig durchsetzen wollen, wo sie entweder selbst politische Macht ausüben oder diese zumindest beeinflussen können, was in jüngster Zeit leider wieder verstärkt zu beobachten ist, wie etwa die evangelikalen Auswüchse in Amerika oder die neu erstarkte orthodoxe Kirche in Putins Russland und besonders natürlich in den vom islamischen Klerikal-Faschismus unterdrückten Ländern.

Aber auch in Europa feiert christlicher Fundamentalismus wieder fröhliche Urständ, die Tatsache verdrängend oder gar leugnend, dass sich diese „Leitkultur" für eineinhalb Jahrtausende vor allem als abendländische Leid-Kultur dargestellt hat und niemand auf dieses christliche Erbe Europas besonders stolz sein muss.[126]

---

[126] Vgl. auch Bergmeier, Rolf: *Christlich-abendländische Kultur – Eine Legende*

Artikel 2 (AEMR)
Jede Person hat Anspruch auf die in dieser Erklärung verkündeten Rechte und Freiheiten ohne irgendeinen Unterschied, etwa nach Rasse, Hautfarbe, Geschlecht, Sprache, Religion, politischer oder sonstiger Überzeugung, nationaler oder sozialer Herkunft, Vermögen, Geburt oder sonstigem Stand.

Rassismus - Faschismus

Der erweiterte Rassismus-Begriff, der inzwischen über die zunächst rein biologistische Bedeutung unterschiedlicher Menschenrassen („Hautfarbe") hinaus verstanden wird, beschreibt heute im erweiterten Sinn auch den Rassismus bestimmter Gruppen, die Privilegien für sich beanspruchen und gleichzeitig Andersdenkende diskriminieren, ihnen die Gleichrangigkeit mit der eigenen Ideologie pejorativ absprechen oder gar deren Existenzberechtigung bezweifeln. Somit erscheint Artikel 2 (AEMR) als ein anti-rassistischer in universaler Bedeutung. In diesem Sinne sind vor allem Religionen paradigmatisch für die Überheblichkeit gegenüber Anders- und vor allem Ungläubigen, die gar mit dem Bösen identifiziert werden. Letztlich geht es immer um einen absoluten Wahrheits- und Machtanspruch gegenüber anderen Weltanschauungen, deren Feindbild jeweils als Projektion der eigenen Intoleranz erscheint. Somit hat dieser Rassismus auch alle Ingredienzien totalitärer Ideologien - und Totalitarismus lässt sich bekanntlich nur mit Terror durchsetzen. Hat Humanismus und Aufklärung auch innerhalb der Religionen schon Einiges bewirkt, so sprechen die überlieferten Glaubensgrundlagen, die ein Gott angeblich so gewollt habe, auch heute noch meist unwidersprochen ihre archaisch-dogmatische Sprache. Angesichts eines weltweit wieder erstarkenden religiösen Fundamentalismus muss daher immer wieder auf dessen Wurzeln und auch darauf verwiesen werden, welch (Un-)Geistes Kinder hier am Werke sind.

Im Judentum ist es der Rassismus des angeblich von Gott „auserwählten Volkes". Der Talmud, den fundamentalistisch-orthodoxe Juden noch immer für einen Leitfaden in religiösen, ethischen und sozialen Fragen halten, spricht dabei Klartext[127]:

> Die Güter der Nichtjuden gleichen der Wüste, sie sind ein herrenloses Gut und jeder, der zuerst von ihnen Besitz nimmt, erwirbt sie. (Choschen hamischpath 156, Choschen hamischpath 271, Baba bathra 54 b)
> Die Beraubung eines Jisraéliten ist nicht erlaubt, die Beraubung eines Nichtjuden ist erlaubt, denn es steht geschrieben (Lev 19,13): "Du sollst deinem Bruder nicht Unrecht tun." Aber diese Worte, sagt Jehuda, haben auf den Goj keinen Bezug, indem er nicht dein Bruder ist. (Baba mezia 61 a)[128]
> Zehn Maß Weisheit kam auf die Welt; neun Maß bekam das Land Jisraéls und ein Maß die ganze übrige Welt; zehn Maß Schönheit kam auf die Welt; neun Maß bekam das Land Jisraéls und ein Maß die ganze übrige Welt. (Kidduschin 4)
> Ihr aber seid meine Schafe, die Schafe meiner Weide, Menschen seid ihr, ihr heißt Menschen, nicht aber heißen die weltlichen [nicht-jüdischen] Völker Menschen, sondern Vieh.
> (Baba mezia 114 b)
> Der Samen der Nichtjuden ist Viehsamen. (Jabmuth 94 b)
> Der Beischlaf der Nichtjuden ist wie Beischlaf der Viecher. (Synhedrin 74 b)
> Ein Nichtjude hat keinen Vater, weil sie in Unzucht versunken sind, der Herr hat ihren Samen für frei erklärt, wie es heißt: "Deren Fleisch gleicht dem Fleische des Esels und ihr Samen ist Pferdesamen."(Jabmuth 98 b)
> Dem Jisraéliten ist es erlaubt, den Goj zu unterdrücken.

---

[127] Aus dem Babylonischen Talmud: ins Deutsche von Lazarus Goldschmidt, Frankfurt , Suhrkamp 2002 in: www.theworldoftruth.net/4library/ 6Down load/Folders/ApoManitous/A5_Download/TALMUD/talmud.pdf (letzter Zugriff 1.3.2015)

[128] Es sei an den religiös begründeten Anspruch des Staates Israel auf das Territorium Palästinas erinnert, das „gelobte Land", das Jahwe angeblich seinem „auserwählten Volk" versprochen habe. Auch dieser aus Lev 19,13 abgeleitete Satz beweist nur, dass sich auch der Dekalog lediglich auf das Volk Israel bezieht.

> Wenn jemand einen Jisraéliten ohrfeigt, so ist es ebenso, als hätte er die Gottheit geohrfeigt. (Synhedrin 57b-58 b)
> Der Mensch ist verpflichtet, täglich folgende drei Segenssprüche zu sprechen: Gelobt sei Gott, daß er mich nicht zu einem Nichtjuden gemacht hat, daß er mich nicht zu einem Weib gemacht hat und dass er mich nicht zu einem Unwissenden gemacht hat. (Menachoth 44 a, Orach Chajim 46)

So wie das nicht-jüdische, finden wir natürlich auch im Koran das nicht-muslimische Vieh. Diese Entmenschlichung der Anderen hat schon immer die oft exzessive Enthemmung nicht nur in „Heiligen Kriegen" erleichtert.

> „Doch die Ungläubigen sind den Tieren gleich, die nur Schall und Ruf und weiter nichts hören; taub und stumm und blind erfassen sie nichts." (2,172 ähnlich 8,23 oder 8,56)
> „Die, welche Allah verflucht hat und über welche er zürnte, hat er in Affen und Schweine verwandelt, und die den Targut (den Irrgötzen) verehren, die befinden sich in einem noch schlimmeren Zustand."(5,61)

Vor allem sind hier noch die Juden gemeint; in manch heutiger Koranschule, auch in Europa, wird jedoch noch feinsäuberlicher unterschieden: Affen für Juden, Schweine für Christen, die ebenfalls den tierischen Bereich für ihre andersdenkenden Mitmenschen bemühen:

> „Gebt das Heilige nicht den Hunden und werft eure Perlen nicht den Schweinen vor, denn sie könnten sie mit ihren Füßen zertreten und sich umwenden und euch zerreißen." (Mt 7,6)

Besonders aufschlussreich, was die Würde nicht-muslimischer Menschen betrifft, ist auch folgende Verkündigung des Ayatollah Khomeini (1902-1989):

> „Elf Dinge sind unrein: Urin, Kot, Sperma, Blut, Hunde, Schweine, ein Nichtmuslim und eine Nichtmuslimin, Wein, Bier, Schweiß eines Kamels, das Abfall frisst. Der ganze Körper eines

Nichtmuslims ist unrein, sogar seine Haare, Nägel und alle körperlichen Ausscheidungen. Ein minderjähriges Kind ist unrein, wenn es keinen Muslim als Vorfahren hat. Der Körper, die Ausscheidungen und der Atem eines Nichtmuslims bzw. einer Nichtmuslimin werden automatisch rein, wenn sie sich bekehren. Die Kleider, die mit ihrem Körperschweiß vor ihrer Bekehrung in Berührung gekommen waren, sind weiterhin unrein."[129]

Ein Kamel, das „normalem" Futter frönt, steht also sogar mit seinem Schweiß noch über jedem Nicht-Muslim. Dass auch ewige Höllenqualen den Gläubigen der jeweils anderen Religionen und selbstverständlich allen „Gottlosen" in Bibel und mit besonderer Phantasie im Koran angedroht werden, sei hier nur nebenbei bemerkt.[130] Soviel zur theologischen Geschwätzigkeit und der Behauptung einer religiösen Ätiologie der Menschenwürde. Gläubige Muslime können sich zur Abwertung Andersgläubiger auch auf folgende Koranverse berufen:

> „O Gläubige, nehmt keine Ungläubigen zu Freunden, wenn Gläubige vorhanden sind." (3,29)
> „O Gläubige, nehmt weder Juden noch Christen zu Freunden; denn sie sind nur einer des anderen Freund (gegeneinander). Wer von euch sie zu Freunden nimmt, der ist einer von ihnen. Ein ungerechtes Volk leitet Allah nicht." (5,52); vgl. auch 3,119.
> „Sie wünschen, daß ihr Ungläubige werdet, so wie sie Ungläubige sind, und ebensolche Bösewichte wie sie. Schließt daher eher kein Freundschaftsbündnis mit ihnen, als bis sie für die Religion Allahs auswandern (Allahs Weg einschlagen). Weichen sie aber ab, so ergreift und tötet sie, wo ihr sie auch finden mögt, und nehmt keine Freundschaft und Unterstützung von ihnen an;" (4,90)

---

129 Oberster iranischer Rechtsgelehrter und Staatsoberhaupt 1979-1989 in: http://www.igfm.de/fileadmin/igfm.de/pdf/Publikationen/Dokumentationen/Doku_Gleichberchtigung[sic!]_Andersglaeubiger_Islam.pdf (letzter Zugriff 1.3.2015) vgl. auch Gopal: S. 335

130 Beispielhaft in der Bibel: Mt 5,22; 23,15; Lk 12,5 oder im Koran: 5,34 (S. 112 und 129); 14,17-18; 23,105; 37,63-69; 38,56-59 (S. 146).

„Nehmt keine Götzendienerin zur Frau, bis sie gläubig wurde. Ja, eine gläubige Sklavin ist besser als die freie Götzendienerin, auch wenn sie euch noch so sehr gefällt. Verheiratet auch keine (gläubige) Frau an einen Götzendiener, ehe er gläubig wurde; sicher, ein gläubiger Sklave ist besser als der freie Götzendiener, wenn dieser euch noch so sehr gefällt." (2,222)

Im Koran findet sich auch die Auserwähltheit aller Muslime als das „beste Volk" mit der „einzig wahren Religion":

„Ihr seid das beste Volk, das je unter Menschen entstand." (3,111)
„Die Religion Allahs wählen wir, und was ist besser als seine Lehre?" (2,139)
„Die wahre Religion vor Allah ist Islam [...]." (3,20)
„Er ist es, der seinen Gesandten mit der Leitung und der wahren Religion geschickt hat, damit er dieselbe über alle Religionen erhebe; und Allah ist hinlänglicher Zeuge." (48,29)[131]

Der Islam kennt auch noch einen inner-islamischen Rassismus, aufgrund dessen die Araber schon zu Mohammeds Zeiten ihre Stammesfehden untereinander austrugen und Mohammeds Stamm Koreisch sich gegenüber allen anderen noch einmal überlegen fühlte. Des Weiteren hielten und halten sich auch noch heute alle arabischen Muslime allen nicht-arabischen Muslimen, den sogenannten „Mawalis"[132], für überlegen, deren Rechte oft in erniedrigender Weise eingeschränkt werden.[133] Die Religion des Friedens, der Gleichheit und der Brüderlichkeit ist bis heute die „Ideologie des arabischen Imperialismus".[134] Nicht-arabische Muslime haben in keinem kernarabischen Land Bürgerrechte, es gelten für sie dieselben

[131] Vgl. auch 61,10 oder 9,33
[132] Die Bezeichnung galt auch für freigelassene Sklaven.
[133] Vgl. Gopal: S. 346 ff.
[134] Anwar Shaikh 1998a: *Islam, The Arab Imperialism,* Cardiff 1998a: S. 132 ff. in: Gopal: S. 351

Gesetze wie für Fremde[135], eine vergleichsweise noch harmlose Form der Diskriminierung.

Eine besonders überheblich-bornierte Ausformung eines inner-religiösen Rassismus - weil letal für dessen Opfer - können wir aber noch heute miterleben, wenn Sunniten, Schiiten, Aleviten oder auch Menschen anderer Glaubensrichtungen sich gegenseitig mit Waffengewalt bekämpfen. Bei den Mörderbanden des „Islamischen Staats" müssen wir auch noch mitansehen, wie radikale Gotteskrieger sogar ihre eigenen Mitkämpfer liquidieren, sobald sie nur den Verdacht haben, dass diese ihre radikalen Vorstellungen nicht mehr mittragen.

Ein Déjà-vu-Erlebnis: während ich diese Zeilen niederschreibe, sind es nun genau 50 Jahre her, dass am 21.2.1965 Malcolm X in Harlem unter anderem wohl auch deshalb erschossen wurde, weil er sich ein knappes Jahr vorher von der radikalen Bewegung der „Nation of Islam" [sic!] unter Elijah Muhammad abgewandt und eine neue, eigene Bürgerrechtsbewegung begründet hatte, in der nun auch Weiße im Kampf gegen die Rassentrennung mitwirken konnten. Dass er aber auch die außerehelichen Eskapaden seines Ziehvaters und selbst ernannten „Propheten" Elijah Muhammads auch noch öffentlich machte, dürfte wohl der Hauptgrund für die glaubensbrüderliche Vergeltung gewesen sein.

---

135 Vgl. Gopal: S. 350

Die Ungleichheit der Geschlechter

Die Stellung der Frau im Alten Testament

Bereits der Patriarchalismus des Alten Testaments wertet in der biblischen Schöpfungsgeschichte (Gen 3,1-24) die Frau als Verführerin (zur später christlichen „Erbsünde") gegenüber dem Manne ab, erklärt ihre Unterordnung (Gen 3,16)[136] und im Dekalog, zwischen Haus und Sklaven, zum Eigentum und zur Ware des Mannes.[137] Dass heute manche Theologen die Frau nicht als Verführerin, sondern „Erzieherin" auch des Mannes sehen wollen, ist nur ein weiterer Beweis ihrer antiegalitären Weltsicht und neurotischen Beziehung zur Sexualität. Es wird heute auch „zeitgemäß" versucht, Eva und damit die Frau von der alleinigen Schuld der Erbsünde mit dem Argument zu entlasten, die Frau repräsentiere die gesamte Menschheit, ohne jedwede Geschlechtsspezifikation. In der Verfehlung gäbe es ein Zusammenhalten von Adam und Eva.

> „Daher könne die Frau nicht als Verführerin des Mannes gesehen und ihr damit eine größere Schuld zugewiesen werden."[138]

Man darf bezweifeln, dass die Autoren des Alten Testaments dies auch so gesehen haben. Die Frau wurde ja laut Bibel[139]

---

[136] „Zur Frau sprach er: Viel Mühsal bereite ich dir, sooft du schwanger wirst. Unter Schmerzen gebierst du Kinder. Du hast Verlangen nach deinem Mann; er aber wird über dich herrschen."

[137] Siehe FN 64, S. 37 (Ex 20,17 bzw. vgl. Dtn 5,6-21)

[138] Vgl. Schütze, Steffen: *Leben oder Martyrium? – der spirituelle Konflikt Jesu*, Hamburg, Diplomica 2013: S. 16 f. Auf Grund der atl. Tradition seien weibliche Götterbilder mit dem Baum als lebensspendende Kraft verbunden, das Motiv Frau – Baum – Schlange als ein wertungsfreier Komplex zusammengehörend.

[139] „Da formte Gott, der Herr, den Menschen aus Erde vom Ackerboden und blies in seine Nase den Lebensatem. So wurde der Mensch zu einem lebendigen Wesen." (Gen 2,7)

nur zweitrangig aus einer Rippe Adams geschaffen; die Argumentation scheint mehr gut gemeint als logisch und es sei auch an Paulus und seinen Römerbrief erinnert (Röm 5,12-17, FN 32, S. 25).

Auch die „Halbwertigkeit" der Frau schon von Geburt an (später dann kulturell noch ausdifferenzierter vom Islam fortgeführt) ist schon hier festgeschrieben:

> „Sag zu den Israeliten: Wenn eine Frau niederkommt und einen Knaben gebiert, ist sie sieben Tage unrein, wie sie in der Zeit ihrer Regel unrein ist.
> Am achten Tag soll man die Vorhaut des Kindes beschneiden und dreiunddreißig Tage soll die Frau wegen ihrer Reinigungsblutung zu Hause bleiben. Sie darf nichts Geweihtes berühren und nicht zum Heiligtum kommen, bis die Zeit ihrer Reinigung vorüber ist.
> Wenn sie ein Mädchen gebiert, ist sie zwei Wochen unrein wie während ihrer Regel. Sechsundsechzig Tage soll sie wegen ihrer Reinigungsblutung zu Hause bleiben." (Lev 12,2-5)

Die Wertigkeit des weiblichen Teils Israels erhellt sich auch aus der Geschichte des Lot:

„Der Mensch gab Namen allem Vieh, den Vögeln des Himmels und allen Tieren des Feldes. Aber eine Hilfe, die dem Menschen entsprach, fand er nicht. - Da ließ Gott, der Herr, einen tiefen Schlaf auf den Menschen fallen, sodass er einschlief, nahm eine seiner Rippen und verschloss ihre Stelle mit Fleisch. - Gott, der Herr, baute aus der Rippe, die er vom Menschen genommen hatte, eine Frau und führte sie dem Menschen zu. - Und der Mensch sprach: Das endlich ist Bein von meinem Bein/und Fleisch von meinem Fleisch./Frau soll sie heißen,/denn vom Mann ist sie genommen." (Gen 2,20-23)
In Gen 1,26-27 heißt es allerdings noch: „Dann sprach Gott: Lasst uns Menschen machen als unser Abbild, uns ähnlich. Sie sollen herrschen über die Fische des Meeres, über die Vögel des Himmels, über das Vieh, über die ganze Erde und über alle Kriechtiere auf dem Land. - Gott schuf also den Menschen als sein Abbild; als Abbild Gottes schuf er ihn. Als Mann und Frau schuf er sie."

„Sie riefen nach Lot und fragten ihn: Wo sind die Männer, die heute Abend zu dir gekommen sind? Heraus mit ihnen, wir wollen mit ihnen verkehren.
Da ging Lot zu ihnen hinaus vor die Tür, schloss sie hinter sich zu und sagte: Aber meine Brüder, begeht doch nicht ein solches Verbrechen!
Seht, ich habe zwei Töchter, die noch keinen Mann erkannt haben. Ich will sie euch herausbringen. Dann tut mit ihnen, was euch gefällt. Nur jenen Männern tut nichts an; denn deshalb sind sie ja unter den Schutz meines Daches getreten." (Gen 19,5-8)

Die Homosexualität war also ein schlimmeres Verbrechen als die Vergewaltigung der eigenen Töchter. Eine ähnliche Geschichte wird im Buch Richter erzählt (Ri 19,20-29), die dann aber mit der Vernichtung der Benjaminiter gerächt wurde; Lot allerdings wurde errettet, im Gegensatz zu seiner Frau, die wegen einer vergleichsweise harmlosen Verfehlung zur Salzsäule erstarren musste.

Wurde(n) in der folgenden Aufzählung die Frau(en) etwa nur vergessen, oder sollte doch noch jemand am Sabbat die angeführten Herrschaften samt Sklaven (!) und Vieh (!) versorgen?

„Der siebte Tag ist ein Ruhetag, dem Herrn, deinem Gott, geweiht. An ihm darfst du keine Arbeit tun: du, dein Sohn und deine Tochter, dein Sklave und deine Sklavin, dein Rind, dein Esel und dein ganzes Vieh und der Fremde, der in deinen Stadtbereichen Wohnrecht hat. Dein Sklave und deine Sklavin sollen sich ausruhen wie du." (Dtn 5,14)

Dass diese Aufzählung natürlich kein Zufall ist, unterstreicht jene, die in Dtn 12,17-18 folgt.[140] Damit wird den Frauen auch

140 „Auch darfst du in deinen Stadtbereichen nicht den Zehnten von Korn, Wein und Öl verzehren, die Erstlinge von Rindern, Schafen und Ziegen, alle Gaben, die du dem Herrn gelobt hast, die freiwilligen Gaben und deine Handerhebungsopfer. - Vor dem Herrn, deinem Gott, sollst du sie verzehren, an der Stätte, die der Herr, dein Gott, auswählen wird - du, dein Sohn

das paternalistisch gewährte „Privileg“ zuteil, die Kerzen am Sabbat entzünden zu dürfen, damit sich Familie und Sklaven auch wirklich ausruhen können. Ganz ähnlich wird auch im Islam mit der Behauptung argumentiert, die Frau sei ja gleichsam „Königin“ im eigenen Hause, eine gleichberechtigte Partnerin, aber eben – anders als der Mann – mit bestimmten, „frauenspezifischen“ Aufgaben betraut. Ob Frauen wohl jemals darüber befragt wurden, bevor ihnen ihre angeblich gottgewollte Rolle indoktriniert wurde? Die „Heiligen Bücher“ sprechen jedenfalls fast durchwegs eine deutlich misogyne Sprache. So gestatteten etwa auch Sonderregelungen, dass die jüdischen Frauen von einer verpflichtenden Teilnahme am Gottesdienst und damit natürlich auch vom Lesen der Thora-Rollen „befreit“ waren und in der Synagoge hinter Gittern oder einem Vorhang der männlichen Frömmigkeit beiwohnen durften. In Wirklichkeit wurden und werden Frauen in fast allen Religionen als nicht „kultfähig“ betrachtet. Auch konnten Frauen vor Gericht nicht als Zeugen auftreten. Um diese Ungleichheiten zu verschleiern, sollen Bezeichnungen wie „Krone des Mannes“ oder „Priesterin des Hauses“ auch noch heute darüber hinwegtäuschen, welche grundlegenden Rechte den Frauen vorenthalten werden, die die männlichen Glaubensbrüder exklusiv für sich in Anspruch genommen haben und im orthodoxen Judentum (wie auch im konservativen Islam) immer noch in Anspruch nehmen. Allerdings darf man aber heute doch hinzufügen, dass auch im Judentum und teilweise auch im Islam die Aufklärung mit entsprechenden Reformen ihre Spuren hinterlassen hat und hoffentlich auch noch weiter hinterlassen wird.

Die – einseitige – Scheidung war der Willkür des Mannes überlassen, belegt den Warencharakter der Frau und den wahren Charakter des alttestamentarischen Patriarchats:

---

und deine Tochter, dein Sklave und deine Sklavin sowie die Leviten, die in deinem Stadtbereich Wohnrecht haben-, und du sollst vor dem Herrn, deinem Gott, fröhlich sein und dich freuen über alles, was deine Hände geschafft haben.“

„Wenn ein Mann eine Frau geheiratet hat und ihr Ehemann geworden ist, sie ihm dann aber nicht gefällt, weil er an ihr etwas Anstößiges entdeckt, wenn er ihr dann eine Scheidungsurkunde ausstellt, sie ihr übergibt und sie aus seinem Haus fortschickt,
wenn sie sein Haus dann verlässt, hingeht und die Frau eines anderen Mannes wird,
wenn auch der andere Mann sie nicht mehr liebt, ihr eine Scheidungsurkunde ausstellt, sie ihr übergibt und sie aus seinem Haus fortschickt, oder wenn der andere Mann, der sie geheiratet hat, stirbt,
dann darf sie ihr erster Mann, der sie fortgeschickt hat, nicht wieder heiraten, sodass sie wieder seine Frau würde, nachdem sie für ihn unberührbar geworden ist. Das wäre dem Herrn ein Gräuel. Du sollst das Land, das der Herr, dein Gott, dir als Erbbesitz gibt, nicht der Sünde verfallen lassen." (Dtn 24,1-4)

Eine Wiederverheiratung sei also dem Herrn angeblich ein Gräuel, Selbstbestimmung eine Sünde. Im Islam wird dann schon das dreimalige Aussprechen der Verstoßungsformel genügen, damit auch wirklich jeder, auch der des Schreibens unkundige Muslim, seine Frau möglichst einfach loswerden kann. Dass es den Bibel schreibenden Patriarchen auch die nicht-jüdische Weiblichkeit angetan hat, berichten uns die folgenden Verse:

„Wenn du zum Kampf gegen deine Feinde ausziehst und der Herr, dein Gott, sie alle in deine Gewalt gibt, wenn du dabei Gefangene machst
und unter den Gefangenen eine Frau von schöner Gestalt erblickst, wenn sie dein Herz gewinnt und du sie heiraten möchtest,
dann sollst du sie in dein Haus bringen und sie soll sich den Kopf scheren, ihre Nägel kürzen
und die Gefangenenkleidung ablegen. Sie soll in deinem Haus wohnen und einen Monat lang ihren Vater und ihre Mutter beweinen. Danach darfst du mit ihr Verkehr haben, du darfst ihr Mann werden und sie deine Frau.

> Wenn sie dir aber nicht mehr gefällt, darfst du sie entlassen, und sie darf tun, was sie will. Auf keinen Fall darfst du sie für Silber verkaufen. Auch darfst du sie nicht als Sklavin kennzeichnen. Denn du hast sie dir gefügig gemacht." (Dtn 21,10-14)

Durch diese angeblich gottgewollte, wie natürlich ebenso wieder bequem auflösbare Zwangsehe und der damit wohl meist verbundenen Vergewaltigung von Kriegsopfern, die das „Glück" hatten attraktiv zu sein, blieb ihnen zumindest das Sklavenschicksal erspart. Es war natürlich vollkommen ausreichend, wenn die Frau das Herz des Mannes gewinnen konnte, während sie - selbstverständlich ungefragt - seine Frau werden „durfte".

Im Erbrecht kamen nur die Söhne in Betracht (Dtn 21,15-17). Töchter waren nur erbberechtigt, wenn kein Sohn vorhanden war:

> „Sag zu den Israeliten: Wenn jemand ohne Söhne stirbt, dann übertragt seinen Erbbesitz auf seine Tochter!" (Num 27,8)

Allerdings durften sie dann keinen Mann aus einem anderen Stamm heiraten, damit das Vermögen nicht zu einer anderen Sippe gelangte:

> „Jede Tochter, die Anspruch auf Erbbesitz in einem israelitischen Stamm hat, muss einen Mann aus einer Sippe ihres väterlichen Stammes heiraten, damit bei den Israeliten jeder im Erbbesitz seiner Väter bleibt.
> Der Erbbesitz darf nicht von einem Stamm auf einen andern übergehen. Denn jeder Israelit soll fest mit dem Erbbesitz seines Stammes verbunden bleiben." (Num 36,8-9)

Waren keine Nachkommen vorhanden, erbten nur die männlichen Verwandten: Brüder, die Onkel väterlicherseits, dann sein nächster Verwandter aus der Sippe (Num 27,9-11). Die Witwe hatte grundsätzlich keinen Anspruch auf das Erbe ihres verstorbenen Mannes. Eine kinderlose Witwe konnte entweder ins Elternhaus zurückkehren oder eine Schwagerehe („Leviratsehe") eingehen und damit weiter in der Familie des Mannes bleiben:

> „Wenn zwei Brüder zusammen wohnen und der eine von ihnen stirbt und keinen Sohn hat, soll die Frau des Verstorbenen nicht die Frau eines fremden Mannes außerhalb der Familie werden. Ihr Schwager soll sich ihrer annehmen, sie heiraten und die Schwagerehe mit ihr vollziehen.
> Der erste Sohn, den sie gebiert, soll den Namen des verstorbenen Bruders weiterführen. So soll dessen Name in Israel nicht erlöschen." (Dtn 25,5-6)

Der Schwager war übrigens gut beraten, sich damit einverstanden zu erklären, wie aus den folgenden Versen deutlich wird:

> „Wenn der Mann aber seine Schwägerin nicht heiraten will und seine Schwägerin zu den Ältesten ans Tor hinaufgeht und sagt: Mein Schwager will dem Namen seines Bruders in Israel keinen Bestand sichern und hat es deshalb abgelehnt, mit mir die Schwagerehe einzugehen!,
> wenn die Ältesten seiner Stadt ihn dann vorladen und zur Rede stellen, er aber bei seiner Haltung bleibt und erklärt: Ich will sie nicht heiraten!,
> dann soll seine Schwägerin vor den Augen der Ältesten zu ihm hintreten, ihm den Schuh vom Fuß ziehen, ihm ins Gesicht spucken und ausrufen: So behandelt man einen, der seinem Bruder das Haus nicht baut.
> Ihm soll man in Israel den Namen geben: Barfüßerhaus."
> (Dtn 25,7-10)

Die Stellung der Frau im Neuen Testament

Nachdem Christus nach Mt 5,17-19[141] gekommen sei, um angeblich die Gesetze und Prophezeiungen des Alten Testaments zu erfüllen und damit zu bestätigen, wird somit natürlich auch das alttestamentarische Frauenbild ins Neue Testament tradiert. Dieses charakterisiert Paulus in seinen Briefen folgendermaßen:

> „Wie es in allen Gemeinden der Heiligen üblich ist,
> sollen die Frauen in der Versammlung schweigen; es ist ihnen nicht gestattet zu reden. Sie sollen sich unterordnen, wie auch das Gesetz es fordert.
> Wenn sie etwas wissen wollen, dann sollen sie zu Hause ihre Männer fragen; denn es gehört sich nicht für eine Frau, vor der Gemeinde zu reden." (1 Kor 14,33-35; vgl. auch die als Fälschung geltenden Briefe Kol 3,18 oder 1 Tim 2,12)
> „Es ist gut für den Mann, keine Frau zu berühren." (1 Kor 7,1)
> „Der Mann darf sein Haupt nicht verhüllen, weil er Abbild und Abglanz Gottes ist; die Frau aber ist der Abglanz des Mannes." (1 Kor 11,7)
> „; denn der Mann ist das Haupt der Frau, wie auch Christus das Haupt der Kirche ist; er hat sie gerettet, denn sie ist sein Leib." (Eph 5,23)
> „Ihr Frauen, ordnet euch euren Männern unter, wie es sich im Herrn geziemt." (Kol 3,18)
> „Dass eine Frau lehrt, erlaube ich nicht, auch nicht, dass sie über ihren Mann herrscht; sie soll sich still verhalten." (1 Tim 2,12)
> „Den Verheirateten gebiete nicht ich, sondern der Herr: Die Frau soll sich vom Mann nicht trennen." (1 Kor 7,10)

---

141 „Denkt nicht, ich sei gekommen, um das Gesetz und die Propheten aufzuheben. Ich bin nicht gekommen, um aufzuheben, sondern um zu erfüllen. - Amen, das sage ich euch: Bis Himmel und Erde vergehen, wird auch nicht der kleinste Buchstabe des Gesetzes vergehen, bevor nicht alles geschehen ist. - Wer auch nur eines von den kleinsten Geboten aufhebt und die Menschen entsprechend lehrt, der wird im Himmelreich der Kleinste sein. Wer sie aber hält und halten lehrt, der wird groß sein im Himmelreich."

Eine offenbar christlich-notwendige Ergänzung zu Dtn 24,1 (S. 75) zum „Schutze“ des männlichen Ego. Wie auch dieses antiegalitäre Gebot des „Herrn“ übermittelt wurde, bleibt ebenfalls im Dunkeln. Das biblische Frauenbild erhellt sich auch noch aus folgendem „Spruch“:

> „Ein goldener Ring im Rüssel eines Schweins/ist ein Weib, schön, aber sittenlos.“ (Spr 11,22)

Das patriarchalische, im Grunde gynophobe und daher stets auch misogyne Verhältnis der Religionen zur weiblichen Sexualität und deren abwertende Verknüpfung mit dem Animalischen hat sich offensichtlich bis in unsere Zeit erhalten (vgl. auch Bischof Graber, S. 84).

Das Frauenbild der Kirchenväter und Kirchenlehrer

Auch das Frauenbild der heiligen Kirchenväter hat nichts zu dessen Verbesserung beigetragen. Ganz im Gegenteil ist es weiterhin geprägt von einer grundsätzlichen Sexualfeindlichkeit, verbunden mit dem Keuschheitsideal der Jungfräulichkeit, wobei allerdings nicht bedacht wurde, woher dann ausreichend gläubiger Nachwuchs kommen solle. Und der sei ja auch nur in Sünde zu zeugen, sofern nicht folgende Anweisung des Hieronymus (347-420) befolgt werden könne:

> „So ist nach ihm [Hieronymus] «Kindererzeugung in der Ehe erlaubt, sinnliche Lustgefühle aber, wie sie bei den Umarmungen der Dirne empfunden werden, sind bei der Gattin verdammenswert.» (Kommentar zu Eph. III, 5,25)"[142]

Nach Augustinus (354-430) sei es eben die Geschlechtslust, die die Erbsünde weiter trage.[143] Die Verhinderung ihrer weiteren Verbreitung müsste also – theoretisch wie „theunlogisch" – dadurch möglich sein, wenn *beide* Elternteile sich beim Zeugungsakt in Lustlosigkeit und damit Lieblosigkeit üben – fromm und neurotisch. Die Priesterschaft braucht sich natürlich vorerst um die lustvoll-sündigen Gläubigen und damit ihre eigene Existenz noch keine Sorgen zu machen, solange sie noch unmündige Kinder mit ihrer sexualfeindlichen Heilsbotschaft zur angeblich notwendigen Vergebung dessen, was sie zur Sünde erklären, konditionieren können.

Auch meint Augustinus, dass die Frau dem Manne lediglich zum Kindergebären gegeben sei, für alles andere wäre ein Mann des Mannes bessere Hilfe.[144] Und er bedauert auch, dass wegen des paradiesischen Ungehorsams ausgerechnet die Sexualorgane „nicht durch den Willen bewegt", sondern „durch die Lust" erregt werden.

---

142 Ranke-Heinemann, 2008: S. 98
143 Vgl. Ebenda: S. 121
144 Vgl. Ebenda: S. 135 f.

„Der Körper kündigt dem Geist den Gehorsam, damit sich der Mensch seines Ungehorsams gegen Gott bewusst wird." (Gottesstaat 14,24)[145]

Zum Thema Frauendiffamierung sei hier noch eine weitere kleine Auswahl an bemerkenswerten Beiträgen mehr oder weniger heiliger Theologen angeführt, die „sich doch höchst fachmännisch gerierend und mit göttlichem Nimbus umgeben, wesentliche Teile ihre Lebens mit völligem Unsinn verbrachten"[146]. So meinte etwa Albertus Magnus (um 1200-1280):

„Die Frau ist zur Sittlichkeit weniger (als der Mann) geeignet. Denn die Frau enthält mehr Flüssigkeit als der Mann, [...]. Flüssigkeit ist leicht beweglich. Darum sind die Frauen unbeständig und neugierig. [...] Die Frau ist ein missglückter Mann und hat im Vergleich zum Mann eine defekte und fehlerhafte Natur." - «Ihr Gefühl treibt die Frau zu allem Bösen, wie der Verstand den Mann zu allem Guten hinbewegt» (Questiones super de animalibus XV q. 11)."[147]
„Allzuhäufiger Eheverkehr führt zu frühem Altern und Tod." - „Durch zuviel Verkehr dünnt das Gehirn aus und werden die Augen tiefliegend und schwach." (Questiones super de animalibus XV q. 14)."[148]
„Der Nordwind stärkt die Kraft, und der Südwind schwächt sie [...] Der Nordwind trägt zur Zeugung des Männlichen, der Südwind zur Zeugung des Weiblichen bei, weil der Nordwind rein ist [...]. Der Südwind aber ist feucht und regenschwer."[149]

Weiters glaubte Albert, der Same des Mannes sei wie der Künstler, wie der Meister, der die Form gäbe. Diese Formung strebe immer die vollkommene Mannesform an, was durch

---

[145] Ebenda: S. 139
[146] Ebenda: S. 263
[147] Ebenda: S. 265 f.
[148] Ebenda: S. 270 f.
[149] Ebenda: S. 278

ungünstige Umstände misslingen könne; dann entstehe eine Frau (De animal. III, 2,8).[150]

Auch Thomas von Aquin mit dem leuchtenden Ehrentitel „lumen ecclesiae“ (das Kirchenlicht) schrieb die finstere Geschichte kirchlicher Frauenverachtung in diesem Sinne weiter. Der eheliche Akt bedeute nach seiner Meinung für geweihte Priester Grund für „Widerwillen“ und „Abscheu“, weil er die „geistlichen Akte behindert“ und der „größeren Ehrbarkeit“ im Wege stehe und bezeichnete eheliche Sexualität als „Schmutzigkeit“, „Befleckung“, „Abscheulichkeit“, „Schändlichkeit“, „Entehrung“, „Entartung“, „Krankheit“, „Verderben der Unversehrtheit“[151]. Die Abweichung von der „normalen“ Stellung zählte unter „die schwersten Sünden der Unkeuschheit“ und war für ihn schlimmer als der Verkehr mit der eigenen Mutter und Selbstbefriedigung oder Homosexualität schlimmer als Inzest, Vergewaltigung oder Ehebruch. Und auch er glaubte noch immer an den „Tarifsatz“ der himmlischen Gnade, der für Jungfrauen hundert, für Witwen sechzig und für Eheleute dreißig Prozent betrage, wobei die angeblich keuschen Kleriker sich natürlich wohl zu den Jungfrauen zählten, mit denen sie sich dann – ganz muslimisch – diesen vollkommenen Himmel wohl teilen möchten. Die Abwertung der Frau wurde durch die Heiligung der angeblich jungfräulichen Gottesmutter und durch einen bis heute mitunter erotisch aufgeladenen Marienkult als unerreichbares Ideal auch noch verstärkt. Auch für Thomas ist die Frau lediglich Hilfe bei der Zeugung. Dies war für ihn ein Grund zur Unauflöslichkeit der Ehe; ein weiterer, dass die Frau den Mann „als ihren eigenen Gebieter“ nötig hätte. Die geistige Erziehung der Kinder könne nur durch den Vater erfolgen, da hierbei „die Frau keineswegs genügt“. Wie „auch bei Kindern und Geisteskranken“ glaubte er bei den Frauen einen „Defekt der Vernunft“ festgestellt zu haben. Man könnte nach Alldem fast versucht sein,

---

[150] Vgl. Ebenda: S. 272

[151] Vgl. Ebenda: S. 288 f.

von der Absurdität der „wissenschaftlichen" Aussagen dieser Kirchenlehrer auch auf jene ihrer theologischen Behauptungen zu schließen und von ihrem Heilsquotienten möglicherweise auch auf den ihrer Intelligenz.[152]

Wie gründlich sich dieses mittelalterlich-christliche Frauenbild bis in moderne Zeiten im männlichen Bewusstsein gehalten hat, möge auch folgende historische Randnotiz belegen: nach den ersten erfolgreichen Tests der Atombombe sah sich der amerikanische Kriegsminister Henry Stimson dazu veranlasst festzustellen, „die «Babys» seien «zur Zufriedenheit geboren» worden, glücklicherweise jedoch handle es sich dabei um «little boys» und «kein Mädchen, das heißt einen Blindgänger»."[153]

Und wenn noch heute Theologen wie etwa Manfred Lütz eine Frauenemanzipation des 4. (!) Jahrhunderts behaupten, die angeblich „als entscheidenden Motor den Zölibat" gehabt hätte, und dass die gleichzeitig propagierte Ehelosigkeit „eine radikale Gleichheit der Geschlechter mit entsprechenden soziologischen Auswirkungen"[154] erklärt hätte, dann muss man diesem realitätsfernen Wunschdenken wohl das Sacrificium Intellectus zugestehen, um nicht intellektuelle Unredlichkeit unterstellen zu müssen, noch dazu, wenn gerade Manfred Lütz gegen eine „Fälschung der Welt" und „Vergewaltigung der Geschichte" anschreibt. Offensichtlich können aber solch christlich-apologetische Behauptungen weder durch das Vorangegangene, noch durch den folgenden, zeitlich gerafften Exkurs zur atemberaubenden, kirchlich-historischen Entwicklung der Frauenemanzipation erschüttert werden:

> „Die Weiber sind hauptsächlich dazu bestimmt, die Geilheit der Männer zu befriedigen." –

---

[152] Vgl. Ebenda: S. 280 ff.

[153] Zitat aus: Schmölzer, Hilde: *Frauengeschichte kann neue Dimension von Größe entfalten* in: Der Standard, 18.07.2014

[154] Lütz, Manfred: *Der blockierte Riese – Psychoanalyse der katholischen Kirche*: S. 114 mit FN 108, S. 305

„Das ganze (weibliche) Geschlecht ist schwach und leichtsinnig. Sie finden das Heil nur durch die Kinder."
(Johannes Chrysostomos, 349-407, griechischer Kirchenlehrer)

„[...] würde es nur Erbrechen verursachen, Weiber anzuschauen [...]. Da wir nicht einmal mit den äußersten Fingerspitzen Kot und Schleim anrühren mögen, warum begehren wir so eifrig das Schutzgefäß selbst anzufassen?" (Der hl. Odo von Cluny, Patron der Musiker, für Regen, gegen Dürre, 878-942)

„Vielleicht wird uns hier klar, warum wir vorhin auf den engen Zusammenhang des Weibes mit dem Tier aufmerksam machten: Sexualität führt zur Bestialität."
(Bischof Rudolf Graber zur Sexualkunde in Schulen, 1980)[155]

[155] http://www.kreudenstein-online.de/Helauluja/inspirationen_zum_thema_frau.htm

Das Frauenbild Luthers[156]

Auch Luthers Frauenbild blieb verheerend. Auch er berief sich auf den angeblichen Willen Gottes, der das „Weibervolk" nur zur Haushaltung und zum Kindergebären geschaffen habe:

> „Summa, die Welt kann des Weibervolks nicht entbehren, da gleich die Männer selbs [sic] könnten Kinder tragen."

Seine Degradierung der Frau zur Gebärmaschine, verbunden mit der erwähnten zynischen „Mütteropferungsideologie", klang dann so:

> „Ob sie sich aber auch müde und tzu letzt todt tragen, das schadt nicht, laß nur tod tragen, sie sind drumb da.

Vom defizitären Verstand der Frauen war er ebenfalls überzeugt und zitierte im Übrigen gerne Sankt Paulus. Alle Sexualität ist auch bei ihm „böße fleischliche lust".

> „Das ist unserer erbsünde schuld, die die ganze menschliche natur beschissen und verhonet [verdorben] hat."

Ob Luthers Rechtfertigungslehre „Allein durch Glaube" (sola fide)[157] wirklich „einen wesentlichen Fortschritt in der Sexualmoral eingeleitet" hat oder sich doch wieder nur als eine Rückprojektion heutigen protestantischen Fortschritt-Wunschdenkens präsentiert, mag dahingestellt bleiben. Allein - mir fehlt der Glaube. Denn Sünde blieb die Sexualität allemal, nur Gott sei eben imstande, „eine Sünde nicht zu sehen, die doch wirklich vorhanden ist."[158]

---

[156] Vgl. Mynarek, Hubertus: *Luther ohne Mythos* (2012): S. 41 ff.

[157] Der Mensch könne nicht (nur) durch seine Werke Heil erlangen, sondern allein durch den Glauben und die Gnade Gottes (sola gratia).

[158] Ranke-Heinemann 2008: S. 387 f.

Das katholische Frauenbild heute

Welche Rolle die Frau und damit natürlich entsprechend der Mann auch heute noch „spielen" sollte, möchte offenbar auch weiterhin ein zölibatärer Klerus bestimmen. Dazu wieder Papst Franziskus:

> „Die Räume einer einschneidenden weiblichen Präsenz in der Kirche müssen weiter werden. Die Kirche kann nicht sie selbst sein ohne Frauen und deren Rolle."

Nachdem das Rollenbild nicht weiter erläutert wird und die „Räume" nur weiter, aber offensichtlich nicht ganz geöffnet werden „müssen", darf man wohl annehmen, dass der vatikanische Konservativismus auch weiterhin seine grundsätzlich biblische Weltsicht mit dem angeblich von Gott geforderten Patriarchats-Dogma verkünden wird. Dank Papst Johannes Paul II., der auch wieder einmal den „ewigen Plan Gottes" zu kennen für sich in Anspruch genommen hatte, wurde der Ausschluss der Frauen vom Priesteramt, natürlich unter Verweis auf Kirchengründer Paulus, endgültig zu einem unfehlbaren Bestandteil des Offenbarungsschatzes und Glaubensgutes („Depositum Fidei") der Kirche erhoben.[159]

Zu der aus dieser fundamentalistischen Position heraus natürlich auch erbittert bekämpften „Gender-Ideologie", angeblich der „Giftküche" der Frankfurter Schule entstammend, noch ein klärender Satz Adornos:

> „Hoffnung zielt nicht darauf, daß die verstümmelten Sozialcharaktere der Frauen den verstümmelten Sozialcharakteren der Männer gleich werden, sondern daß einmal mit dem Antlitz der leidenden Frau das des tatenfrohen, tüchtigen Mannes verschwindet: daß von der Schmach der Differenz nichts überlebt als deren Glück."[160]

---

[159] Vgl. Mynarek, Hubertus: *Der polnische Papst* (2005): S. 112
[160] Adorno, Theodor W.: *Prismen*: S. 94

Diesem humanitären Anspruch, den die Religionen glauben nicht einlösen zu müssen/können/dürfen, ist nichts hinzuzufügen. Dass Ehe und Familie als „sexualpolitische Agentur" der einzige Hort sexueller Betätigung zu sein hat, darin sind sich alle Religionen und deren folgsam-fromme Gläubige einig. Sie ist in dieser Form natürlich auch den herrschenden Eliten dienlich, besteht doch das Wesen der Familie im Allgemeinen auch in der Kontrolle und Beschränkung der Sexualität und erscheint somit, von den weltlichen Mächten institutionalisiert und von den Religionen geheiligt, als eine Einrichtung, die die traditionellen Geschlechterrollen oft immer noch weiter reproduziert.[161] Inzwischen wurde die klassisch minderwertige Frauenrolle anstatt abgeschafft, „feministisch" aufgewertet und zum neuen Paradigma erhoben, die Männerrolle dafür abgewertet und ebenfalls nicht abgeschafft, „statt alle Menschen auf das Niveau der Menschenwürde und Vernunft zu *heben*".[162] Auch wenn die Lebensform der traditionellen Familie naturgemäß auch weiterhin Grundlage der Gesellschaft bleiben wird, aber eben leider nur allzu oft als nicht egalitär-partnerschaftliches Verhältnis gelebt wird, so sind aber ebenso andere, auch nicht heterosexuelle Lebensentwürfe, als gleichwertig zu akzeptieren und daher in keiner Weise zu diskriminieren.

---

[161] Vgl. Steinbach: S. 172 ff. Hervorhebung durch die Autorin.
[162] Ebenda: S. 184

Die Stellung der Frau im Islam

Die Ungleichstellung und Bevormundung der Frauen zeigt die Lebenswirklichkeit in konservativ-islamischen Ländern, aber auch schon jene in manch islamisch geprägten Migrantenvierteln europäischer Städte, wo eine schariakonforme Schattenjustiz in zivil- und familienrechtlichen Angelegenheiten (vom Ehe- und Familiendrama bis zum "Ehrenmord") das Legalitätsprinzip und Strafmonopol des Staates bewusst unterläuft und dabei die Not der Frauen etwa bei häuslicher Gewalt oft gern unter den Teppich gekehrt werden. Allein in Großbritannien gibt es 85 Scharia-Gerichte.[163] Der EGMR hat in seinem Verbot der Scharia festgestellt: „Die Scharia ist unvereinbar mit den grundlegenden Prinzipien der Demokratie, [...]."[164]

Basierend auf Aussagen in Koran und Sunna haben sich im Verlauf der Jahrhunderte umfangreiche Kodizes an Gesetzen entwickelt, deren Vorstellungen und Ansprüche vormoderner Stammesgesellschaften auch die heutigen Anwälte Allahs als noch immer verbindlich *allen* vorschreiben und so nicht nur das Leben ihrer Gläubigen dogmatisch-religiös fremdbestimmen wollen. Die religiöse Begründung für diese „Verregelung des Alltags"[165] kann auch hier, ebenso wie bei der Beschneidung, aus dem Judentum hergeleitet werden 2,137 bzw. 3,85, S. 40). Die Anweisungen für die „Sonderbehandlung" der Frauen finden sich in Sure 2,223-243 und vor allem in der vierten Sure. Natürlich steht auch hier jede sogenannte Offenbarung nach „westlichem" Verständnis quer zu den Menschenrechten, wie folgende Stellen auszugsweise belegen sollen.

---

[163] Vgl. in: www.welt.de/kultur/literarischewelt/article13613800/Richter-von- Allahs-Gnaden-erodieren-deutsche-Justiz.html und: www. Katholi sches.info/2013/08/03/85-scharia-gerichte-in-grossbritannien-paralleljustiz-fuer-parallelgesellschaft/ (letzte Zugriffe 11.3.2015)

[164] EGMR vom 13.2.2003, Bsw41340/98, Bsw41342/98, Bsw41343/98, Bsw 41344/98 in: Fidler, Gebhard: *Scharia und Diskriminierungsverbot* in: http:// www.atheisten-info.at/downloads/fidler.pdf (letzter Zugriff 11.3.2015)

[165] Schmidt-Salomon, Michael: *Hoffnung Mensch* (2014): S. 46

Die Frau als ein nach Belieben verfügbares Sexualobjekt:

„Die Weiber sind euer Acker, geht auf euren Acker, wie und wann ihr wollt, weiht aber Allah zuvor euere Seele (durch Gebet, Almosen oder gutes Werk)." [...] (2,224)

Wie muslimische Frauen sich ihren Islam zurechtglauben oder besser: sich mithilfe von selbstgewissen Islamwissenschaftlern, die sich in der allen Religionen eigenen exegetischen Beliebigkeit üben, zurechtglauben lassen, hört sich dann folgendermaßen an:

> „Es sollte bedeuten, dass in der Liebe grundsätzlich alles erlaubt und möglich ist. Und der zweite Satz war sogar eine Ermahnung an den Mann, sich vor dem Geschlechtsverkehr Zeit für seine Frau und Zeit für Zärtlichkeit zu nehmen."[166]

Diese Chuzpe kommentiert sich wohl von selbst, so wie dieser ungenannte Islamwissenschaftler für die zunächst ganz zu Recht über diesen Vers „entsetzte" Muslima den zweiten Satz - trotz Verwendung der folgenden Übersetzung - interpretierte: „Doch schickt (Gutes) für euch selbst voraus." - Richtig: *Für euch selbst*![167] Wie und wann es der Frau gefalle, steht selbstverständlich nicht zur Debatte. Eine „geschlechtergerechte" Sure hätte in etwa so lauten können: „Liebt euch, wenn beide es wünschen und dazu bereit sind." Möglicherweise ist aber den „emanzipierten" Muslimas die folgende Überlieferung des zweiten Kalifen Umar (634-644) unbekannt:

---

166 Stuiber, Petra: *Muslimische Feministin,* Portait Dudu Kücükgöl in: Der Standard, 12.4.2014

167 *Die Bedeutung des Korans,* B.1, S. 104, FN 288: „Das heißt, seid stets Gottes eingedenk und zu guten Taten bereit - eine eindringliche Ermahnung, dass selbst auf dem Höhepunkt fleischlicher Freuden die moralischen und geistigen Gesichtspunkte nicht vollkommen vergessen werden dürfen. (Daryabadi)"

> „Ihr [die Frauen] seid ein Spielzeug; wenn wir euch brauchen, werden wir euch rufen."[168]

Es wäre auch noch jene Bestimmung der Scharia bezüglich der behaupteten „Geschlechtergerechtigkeit" im Islam erklärungsbedürftig, dass die sexuelle Vernachlässigung der Frau durch den Mann erst ab vier „enthaltsamen" Monaten[169] als Scheidungsgrund anerkannt wird, während umgekehrt jeder weibliche „Ungehorsam" als sündig betrachtet wird und die „Verstoßung" durch den Ehemann rechtfertigt, die übrigens keinerlei Begründung oder gar Rechtfertigung bedarf.[170]

Die halbwertigen Frauen und die irrtumsfreien Männer:

> „Sind aber zwei Männer nicht zur Stelle, so bestimmt einen Mann und zwei Frauen, die sich eignen, zu Zeugen; irrt die eine, so kann die andere ihrem Gedächtnis nachhelfen." (2,283)

> ***Artikel 6***
> *Jede Person hat das Recht, überall als rechtsfähig anerkannt zu werden.*

Dass diese Regelung nach islamischer Auslegung die Frauen vor heiklen Zeugenaussagen etwa bei bestimmten, schweren Verbrechen schützen solle, da sie auf Grund ihrer biologischen (!) Gegebenheiten emotionaler urteilten, erinnert wieder an das „biologische" Frauenbild christlicher Kirchenlehrer, welches sich ihre patriarchalischen Vorgänger erschaffen, mittels ihrer „Heiligen Bücher" dogmatisch festgezurrt und damit „gottgewollt" durchgesetzt haben. Dass Frauen weniger mit Geschäftsvorgängen vertraut wären als Männer und sich daher leichter irren könnten[171], lässt allerdings die Frage offen,

---

168 Newton, P./Rafiqul, M.: *The Place of Women in Pure Islam.* Pioneer Books (Nigeria): Ibadan, 1974/1985: S. 7 in: Schirrmacher/Spuler-Stegemann: S. 81

169 Vgl. Schirrmacher / Spuler-Stegemann: S. 141 bzw. S. 168

170 Vgl. Ebenda: S. 153

171 Vgl. *Die Bedeutung des Korans, B. 1, S. 134, FN 634*

warum dann zwei oder auch mehr Frauen damit vertrauter sein bzw. als Zeuginnen weniger „emotional" urteilen sollten.

Auch im Erbrecht habe Allah verordnet:

> „Männliche Erben sollen so viel haben wie zwei weibliche." (4,12)[172]
>
> „[...]: Stirbt ein Mann ohne Kinder und er hat eine Schwester, so erbt diese die Hälfte seiner Hinterlassenschaft[173], und er beerbt sie, wenn sie ohne Kinder stirbt[174]. [...] Sind aber mehrere Brüder und Schwestern da, so erhält ein Mann so viel wie zwei Frauen." (4,177)

Die islamischen Apologeten führen zwar Beispiele „indirekter" Vererbung innerhalb der erweiterten Familie an, wo Frauen gleich viel oder manchmal sogar mehr erben als Männer. Im Normalfall der direkten, innerfamiliären Erbschaft erhält jedoch die Ehefrau immer nur die Hälfte des Anteils, den der Mann bei ihrem Ableben zugesprochen bekommt:

> „Die Hälfte von dem, was eure Frauen hinterließen, gehört euch, wenn sie kinderlos starben. Hinterließen sie aber Kinder, so gehört euch [...] der vierte Teil des Nachlasses. Auch den Frauen gehört der vierte Teil des Nachlasses [...], wenn ihr kinderlos sterbt; hinterlaßt ihr aber Kinder, so bekommen sie [...] den achten Teil eures Nachlasses." (4,13)

Folgender Koranvers beschränkt zwar die bis dahin offenbar ausufernde Polygamie im arabischen Raum, erlaubt diese aber gleichzeitig weiterhin, wobei der nächste Vers auch gleich einen kostengünstigen Ausweg vorschlägt:

---

172 Wie sich Allah auch noch um weitere, somit koranisch geheiligte Spitzfindigkeiten arabischer Erbfolge-Bestimmungen angeblich Sorgen macht, kann in den Versen 4,12-15 dieser Sure nachgelesen werden.

173 Koran: S. 90, FN 58: „Die andere Hälfte fiel dem Staat anheim."

174 Ebenda: FN 59: „Der Bruder erbt alles."

„Überlegt gut und nehmt nur eine, zwei, drei, höchstens vier[175] Ehefrauen. Fürchtet ihr auch so noch, ungerecht zu sein, nehmt nur eine Frau oder lebt mit Sklavinnen (die unter eurer Hand, euerem Rechte stehen), die ihr erwarbt.“ (4,4)[176]
„Wer aber nicht Vermögen genug besitzt, um freie, gläubige Frauen heiraten zu können, der nehme gläubig gewordene Sklavinnen; [...]. (4,26)

Dass sich Allah dabei wie immer ganz besonders um die Sonderrechte seines Propheten bekümmert habe, zeigen folgende Verse:

„Dir, o Prophet, erlauben wir alle Frauen, die du durch eine Morgengabe erkauft hast, und ebenso deine Sklavinnen, welche dir Allah (aus Kriegsbeuten) geschenkt hat, und die Töchter deiner Oheime und Muhmen, von Vater- und Mutterseite, die mit dir aus Mekka geflüchtet sind, und jede gläubige Frau, die sich dem Propheten überlassen und die derselbe heiraten will. Diese Freiheit sollst nur du haben vor den übrigen Gläubigen.
Du kannst zurücksetzen (die Heirat verweigern), wen du willst, und zu dir nehmen, wen du gerade willst, ja selbst die, welche du früher verstoßen hast, wenn du jetzt Verlangen nach ihr hast; [...].“ (33,51-52)

Auch habe Allah den Frauen des Propheten ganz besondere Anweisungen gegeben, die ihnen für Gehorsam und Rechtschaffenheit sogar doppelten (jenseitigen) Lohn versprechen, ohne natürlich zu vergessen, für den Fall unziemlichen Verhaltens auch die doppelte Strafe anzudrohen:

„Sage, o Prophet, zu deinen Frauen: «Wollt ihr den Genuß des irdischen Lebens mit seiner Pracht, gut, so will ich euch gehörig versorgen und auf ehrbare Weise entlassen.

---

175 Vgl. Gopal: S. 260: Diese Beschränkung auf vier Ehefrauen dürfte auf die talmudische Lehre zurückgehen.

176 Gerecht behandeln heißt nach islamischer Theologie, allen Frauen Nahrung, Kleidung und einen eigenen Wohnbereich zu geben, womit die Polygamie natürlich besonders den Reichen und Mächtigen vorbehalten bleibt.

> Wollt ihr aber Allah und den Gesandten und die Wohnung des zukünftigen Lebens, dann hat Allah für die Rechtschaffenen unter euch eine große Belohnung bereitet.»
> O ihr Frauen des Propheten, wer von euch offenbar Unziemliches begeht, deren Strafe soll zwiefach verdoppelt werden, [...].
> Wer aber von euch Allah und seinem Gesandten gehorsam ist und rechtschaffen handelt, die belohnen wir zwiefach und bereiten ihr eine ehrenvolle Versorgung.
> O ihr Frauen des Propheten, ihr seid nicht wie eines anderen Frau. [...]." (33,29-33)

Ein Schelm, der glaubt, dass hier etwa Mohammed selbst mittels Allahs Autorität seinen Frauen hat Anweisungen zukommen lassen.

Die von Allah, Jahwe und natürlich auch vom christlichen Gott angeblich bevorzugt begabten Männer finden im folgenden Vers ihre selbstgefällige Bestätigung und - wenn sie um ihr Ego nur schon „fürchten" - Abhilfe durch die Behauptung einer ebenso wieder vorgeblich gottgewollten „Erziehungs"-*Gewalt* über ihre Frauen:

> „Männer sollen vor Frauen bevorzugt werden (weil sie für sie verantwortlich sind), weil Allah auch die einen vor den anderen mit Vorzügen begabte und auch weil jene diese erhalten. Rechtschaffene Frauen sollen gehorsam, treu und verschwiegen sein, damit auch Allah sie beschütze. Denjenigen Frauen aber, von denen ihr fürchtet, dass sie euch durch ihr Betragen erzürnen, gebt Verweis, enthaltet euch ihrer, sperrt sie in ihre Gemächer und züchtigt sie." (4,35)

Nachdem dieser Koranvers angeblich offenbart wurde, habe der Prophet, der Schläge nur als ein letztes Mittel erlaubt haben soll, erklärt:

> Ich wollte das eine, aber Gott wollte das andere - was Gott will, muß das Beste sein."[177]

---

[177] *Die Bedeutung des Korans*, Band 1, S. 248, FN 91

Viele Gelehrte vertreten daher die Auffassung, dass Schläge keine Schmerzen verursachen dürften und „mehr oder weniger symbolisch erteilt werden sollten.“ Wozu dann Allah diese „geschlechtergerechte“ Sure überhaupt offenbart haben soll und ob er mit den irdischen Auslegungen überhaupt noch einverstanden ist, muss wohl Glaubensgeheimnis bleiben. Dass schon Mohammed diese Festschreibung männlicher Selbstherrlichkeit gegenüber dem weiblichen Geschlecht offenbar peinlich wurde, dürften ihm wohl nicht zuletzt seine Frauen zu verstehen gegeben haben. Ob nun diese patriarchalische „Erziehungs“-Methode mit „schlagen“, „züchtigen“ oder „strafen“ übersetzt wird - diese in jedem Falle misogyn bleibende Spiegelfechterei ändert nichts an der damit verbundenen Abwertung und Unterwerfung der Frau.

An der Unreinheit der Frau, die sich schon im Judentum findet, hält auch der Koran - zusammen mit jener der „Notdurft“ - fest:

> „Wenn ihr krank oder auf Reise seid oder euere Notdurft verrichtet oder euere Frauen berührt habt - und ihr findet kein Wasser, so nehmt feinen reinen Sand und reibt Angesicht und Hände damit ab; [...].“ (4,44);
> „O Gläubigen bevor ihr euch zum Gebet anschickt, wascht euer Gesicht, euere Hände bis zu Ellbogen, reibt naß euere Köpfe und reinigt euere Füße bis an die Knöchel ab; habt ihr euch durch Beischlaf verunreinigt, so wascht euch ganz. [...] oder ihr habt Frauen berührt und findet kein Wasser, [... vgl. oben 4,44]. (5,7)

Da zwischen Beischlaf und Berührung unterschieden wird, bedingt bereits nur die Berührung einer Frau männliche Unreinheit, aber natürlich - „geschlechtergerecht“ - nicht umgekehrt.

Auch die arrangierte Ehe gilt im Koran und damit für alle Zeiten geheiligt als der Normalfall, sonst wäre wohl eine andere als die folgende Formulierung angebracht:

> „Verheiratet die Ledigen unter euch, [...] (24,33)

Die Ehe bleibt traditionell ein Geschäft zwischen zwei Familien-Klans. Die dann durch den Mann fremdbestimmte Sexualität und beliebige Verfügbarkeit der Frau und ihre Gehorsamkeit werden durch die Versorgungspflicht durch den Mann und auch seine Brautgabe erkauft. Dass eine Frau ihren Ehemann ausschließlich selbst erwählt, gilt als „Unzucht" und schon der Prophet soll gesagt haben:

> „Eine Frau, die selbst ohne die Erlaubnis ihres Vormundes heiratet, deren Ehe ist null und nichtig, null und nichtig, null und nichtig."[178]

> ***Artikel 16***
> *Erwachsene Frauen und Männer haben ohne Beschränkung auf Grund der Rasse, der Staatsangehörigkeit oder der Religion das Recht, zu heiraten und eine Familie zu gründen. Sie haben bei der Eheschließung, während der Ehe und bei deren Auflösung gleiche Rechte.*
> *Eine Ehe darf nur mit der freien und uneingeschränkten Zustimmung beider künftigen Ehegatten geschlossen werden.*

Aus menschenrechtlicher Sicht sind allerdings arrangierte Zwangsehen „null und nichtig". Auch das Grundrecht säkular-demokratischer Staaten formuliert, dass eine Ehe nur bei freier und uneingeschränkter Willenseinigung der beiden künftigen Ehegatten geschlossen werden darf.

Entgegen allen apologetischen Behauptungen, dass der Koran die Gleichberechtigung der Frau verkünde, soll hier noch beispielhaft der aus mehrfacher Überlieferung bekannte Dialog Mohammeds mit einigen Frauen zitiert werden:

> „O ihr Frauen! Gebt Almosen, denn ich habe erkannt, dass die Mehrzahl der Höllenbewohner ihr [Frauen] seid." Die Frauen fragten: „Warum ist das der Fall, O Gesandter Gottes?" Er antwortete: „Ihr sprecht häufig Verwünschungen aus, und ihr seid

---

178 Mihkat-ul-Masabih (MM 27,40), eine Hadith-Sammlung von Khatib Al-Tabrizi aus dem 14.Jh. in Gopal: S. 248 bzw. xii

> undankbar gegen eure Ehemänner. Ich kenne niemand, der von seiner Intelligenz her und seiner Religionsausübung noch unzulänglicher wäre als ihr. Eine Frau kann einen bedächtigen, empfindsamen Mann leicht auf Abwege führen." Die Frauen fragten: „O Gesandter Gottes! Warum ist unsere Intelligenz und Religionsausübung so unzulänglich?" Er antwortete: „Liegt nicht der Beweis darin, dass das Zeugnis zweier Frauen das eines Mannes aufwiegt?" Sie bejahten. Er sprach. „Darin wird euer Mangel an Intelligenz deutlich. Und stimmt es etwa nicht: Eine Frau kann während der Menstruation weder beten noch fasten?" Die Frauen bejahten. Er fuhr fort: „Daraus wird eure unzulängliche Religionsausübung sichtbar."[179]

Ein klassisch-„theologisches" Beispiel eines eher unzulänglich intelligenten Zirkelschlusses: der sich selbst bestätigende Prophet. Dass sich heute die muslimische Lebenswirklichkeit in manchen Bereichen schon verbessert hat, sollte uns aber nicht darüber hinwegtäuschen, dass sich religiöse Fundamentalisten noch immer auf diese „heiligen" Vorschriften und Hadithe berufen.

---

[179] Sahih al-Bukhari: *Arabic-English*, B. 1, hg. Von Dr. Muhammad Mushin Khan. Kitab Bhavan: New Delhi, 1984: S. 179-180 in: Schirrmacher/Spuler-Stegemann: S. 81

Von Hidschab bis Burka

Zur leidigen Schleier- bzw. Kopftuchfrage - natürlich nicht nur nach der oben erwähnten „muslimischen Feministin" (FN 166, S. 89) „eine komplett unnötige Debatte" - seien hier doch noch einige zusammenfassende Gedanken gestattet, da besonders die Frage der Gesichtsverschleierung sehr wohl mit Ungleichheit, Diskriminierung, Rassismus und auch Gesinnungsterror zu tun haben kann. Wenn allein schon das Kopftuch ein muslimisches Zeichen frommen Glaubens bedeutet, dann dürfen wir auch fragen, warum dann anders- und nicht-gläubige Frauen in vielen muslimischen Ländern gezwungen sind, zumindest dieses[180] zu tragen, während Muslime sich etwa in jenen europäischen Staaten über gesetzlichen Regelungen beschweren, die ohnedies nur auf ein Verbot der Gesichtsverschleierung (Buschiya, Niqab oder Burka) abzielen. Offenbar scheint es zumindest die freiwillig vollverschleierten Muslimas nicht zu stören, dass sie ihre Identität im öffentlichen Raum aufgeben. Sie zeigen ihren nicht-muslimischen Mitbürgerinnen damit lediglich, dass ihre Ehrbarkeit offenbar von ihrer Anonymität hinter einem Stück Stoff abhängt, mit der sie ihren selbstgewissen Heilsanspruch zur Schau stellen und damit alle anderen Frauen - auch für manch muslimische Männer - einmal a priori im Verdacht stehen, zumindest weniger ehrbar zu sein und daher auch für jene Glaubensbrüder mitunter Freiwild sein zu dürfen. Ein Verbot der Gesichtsverschleierung muslimischer Frauen mag zwar problematisch erscheinen, der Europäische Gerichtshof für Menschenrechte hat jedoch entschieden, dass die Erkennbarkeit des Gesichts im öffentlichen Raum als Mindestanforderung gesellschaftlichen Zusammenlebens zu gewährleisten ist.[181]

---

[180] In Saudi-Arabien müssen Besucherinnen mit einer schwarzen Kutte ihre Weiblichkeit verhüllen, während das Haar dagegen sichtbar bleiben darf!.

[181] Urt. v. 01.07.2014, Az. 43835/11 EGMR in: http://www.lto.de/recht/hintergruende/h/egmr-urteil-4383511-burkaverbot-frankreich/ (letzter Zugriff 11.3.2015)

Auch signalisiert schon nur das einfache islamische Kopftuch (Hidschab) einem „Nichtgläubigen", dass er einmal grundsätzlich von einer Verbindung mit einer so ihre koranggemäße Frömmigkeit zeigenden, muslimischen Frau ausgeschlossen bleibt (2,222, S. 69), was uns mit Blick auf die Religionsfreiheit zunächst nicht weiter stören sollte. Allerdings ist die Religionsmündigkeit in Europa meist erst mit 14 Jahren gegeben. Um aber einen Kopftuchzwang durch religiöse Institutionen, Familie oder Eltern auszuschließen, sollte daher das öffentliche Tragen des islamischen Kopftuches erst ab diesem Alter gestattet werden.

In Sure 33 kümmert sich zunächst wieder einmal angeblich Allah um das Selbstwertgefühl des Propheten mit der Anweisung an seine männlichen Gläubigen, die Frauen des Propheten weder anzuschauen noch zu heiraten. Warum manche Islamwissenschaftler diesen sogenannten „Schleiervers" für die Vorschrift einer allgemeinen (Voll-)Verschleierung halten, erscheint allerdings mehr als willkürlich.[182] Dieser Vers richtet sich wohl eindeutig an männliche Besucher, denen somit eigentlich dieser zum Schleier mutierte "Vorhang" geboten wäre, wie eben auch die darauf folgende Anweisung (natürlich Mohammeds), seine Frauen nicht zu heiraten:

> „Wenn ihr etwas Notwendiges von den Frauen des Propheten zu fordern (sie um etwas zu bitten) habt, so fordert es hinter einem Vorhang; dies trägt zur Reinheit euerer und ihrer Herzen wesentlich bei. Es ziemt sich nicht, dass ihr den Gesandten Allahs kränkt (belästigt) und je seine Frauen nach ihm heiratet; [...]. (33,54)

Folgender Vers soll angeblich ebenfalls die Vollverschleierung für alle Frauen gebieten – sofern man ehrbare Frauen daran „erkenne", dass sie nicht erkennbar sind – wobei aber nicht klar ist, wie weit das Ziehen über den Körper eigentlich erfolgen solle:

---

182 Koran: S. 344, FN 41: „[...]; oder Vorhang heißt hier soviel wie Schleier: die Frau sei verschleiert."

> „Sage, Prophet, deinen Frauen und Töchtern und den Frauen der Gläubigen, dass sie ihr Übergewand[183] (über ihr Antlitz) ziehen sollen, wenn sie ausgehen; so ist es schicklich, damit man sie als ehrbare Frauen erkenne und sie nicht belästige." (33,60)

Der Klammerausdruck samt Fußnote ist auch in diesem Falle wieder einmal eigene „Interpretation" des Übersetzers. Andere Übersetzungen verwenden nicht die Worte Kopf bzw. Antlitz, da diese im „arabischen" Originaltext auch gar nicht enthalten sind:

> „[...], sie sollen ihre Übergewänder reichlich über sich ziehen." Oder: „[...] sie sollen einen Teil ihres Überwurfs über sich herunterziehen." Oder: „[...], sie sollen ihre Tücher tief über sich ziehen."[184]

Folgender Vers erscheint klarer und auch „freier" formuliert, einmal abgesehen von der anfangs erwähnten, möglicherweise richtigeren Übersetzung mit dem Syro-Aramäischen (S. 14):

> „Sage auch den gläubigen Frauen, daß sie ihre Augen niederschlagen und sich vor Unkeuschem bewahren sollen und dass sie nicht ihre Zierde (ihren nackten Körper, ihre Reize), außer nur was notwendig sichtbar sein muß, entblößen und dass sie ihren Busen mit dem Schleier verhüllen sollen." [...] Auch sollen sie ihre Füße nicht so werfen, dass man der Zierde, die sie verbergen sollen, gewahr werde." (24,32)

Warum nun manch gelehrte Ulama den Busen auch mit dem Gesicht in Verbindung gebracht und auch dieses noch als für nicht „notwendig sichtbar" erachtet hat, dürfte wohl auch eher wieder dem muslimisch-männlich konditionierten Ego ge-

---

[183] Ebenda: FN 46: „Dieses Gewand, gewöhnlich aus weißer Leinwand, bedeckt die Frauen stets außer Haus von Kopf bis zu den Füßen und hat nur einen schmalen Schlitz für die Augen."

[184] http://meine-islam-reform.de/index.php/artikel/fiqh/510-sure-33-vers-59.html (letzter Zugriff 1.3.2015)

schuldet gewesen sein. Jedenfalls werden damit angeblich gleichberechtigte muslimische Frauen noch heute dazu angehalten - ob es ihnen bewusst ist oder nicht - diesen religiös-patriarchalischen Gruppen-Rassismus und den muslimischen Dünkel der einzig wahren Religion gegenüber Nicht-Muslimen, auch noch stellvertretend für den Mann, der dann auch oft noch einige Meter vor seiner Frau einherstolziert, öffentlich zur Schau zu stellen. Die Ungleichheit der Geschlechter in Form einer religiös verordneten Bekleidung eines archaischen Wüstenvolkes ist auch hier offenkundig und wurde wieder einmal für alle Welt zwar nicht „exakt" im Koran, dafür aber exegetisch wie beliebig durch die verschiedensten Auslegungen und Überlieferungen heiliggesprochen. Keine Sure fordert explizit die Vollverschleierung. Deshalb kann diese auch nicht nur im historischen Kontext gesehen werden. Immerhin deuten die entsprechenden Koranverse darauf hin, dass das Nichtverschleiern des Gesichts auch für die damalige Zeit eine für Frauen normale Erscheinung darstellte, wie hätten die Muslime bzw. Mohammed auch sonst ihre Schönheit erkennen können (2,222, S. 69 bzw. 33,53[185]).

Aus den Hinweisen, dass Frauen durch ihre Verschleierung vor Belästigung geschützt werden sollten, hat sich offensichtlich bis heute noch nicht unter allen männlichen Glaubensbrüdern herumgesprochen. Und um noch einmal auf den Tahrir in Kairo zurückzukommen: „Die meisten der angegriffenen Frauen trugen ein Kopftuch, manche waren sogar voll verschleiert."[186] Auch wäre das Gebot, „dass sie ihre Augen niederschlagen [...] sollen", was ähnlich übrigens auch den Männern geboten wird (24,31)[187], ein Hinweis darauf, dass das

---

185 Sure 33,53 an Mohammed gerichtet: „Es ist dir aber nicht erlaubt, noch Weiber daneben zu halten noch deine Frau mit anderen zu vertauschen, wenn die Schönheit anderer dir auch noch so gefällt; nur deine Sklavinnen machen davon eine Ausnahme. Allah beobachtet alles."

186 El-Gawhary: S. 134 f.

187 „Sage auch deinen Gläubigen, dass sie ihre Augen von Unkeuschem abwenden und sich bewahren sollen, [...]."

Gesicht nicht zur Gänze verdeckt werden muss, da man andernfalls die Augen ohnedies nicht sehen würde.[188] Wie einfach wäre es doch für Allah gewesen, seinen Muslimen mittels einer Sure klar mitzuteilen, sie mögen doch Frauen einfach nicht belästigen, damit alle an seiner „schön geformten" Schöpfung teilhaben könnten (40,65, S. 47) oder zumindest die Art der Verschleierung „exakt" kundzutun. Besonders die Forderung nach weiblicher Vollverschleierung scheint eher das Problem einer besitzergreifenden Männlichkeit zu sein, die ihren Frauen die Freuden und Schönheiten *dieser* Welt vorenthalten und sie auf ein angeblich besseres Jenseits vertrösten (siehe auch Eman Al Nafja S. 104) . Sie sollen sich mit der vollkommenen Abhängigkeit von einem Mann zufrieden geben, während ihm erlaubt ist, sich - zumindest in islamisch-konservativen Ländern - schon in dieser Welt auch mehrfach zu „verwirklichen".

Abschließend möchte ich auch noch, stellvertretend für viele "westliche" Intellektuelle, Mario Vargas Llosa zitieren, der meint, dass man schon das Tragen nur des islamischen Kopftuchs im Namen von Freiheit und Demokratie überhaupt verbieten sollte. Dass schon Mädchen mit dem islamischen Kopftuch in die Schule geschickt werden, bedeutet für ihn nur „die Vorhut eines Feldzugs"[189] von „militantesten Gruppierungen des islamischen Fundamentalismus", die damit eine umfassende zivile „Exterritorialität" auch in den westlich-säkularen Staaten erkämpfen wollen, was ihnen inzwischen, wie bereits erwähnt, auch schon vielerorts gelungen scheint. Mit der Einführung der Scharia in manch islamisch geprägtem Viertel innerhalb europäischer Großstädte „könnte das Mittelalter wie-

[188] Die selbstgerechte Überheblichkeit fundamentalistischer Auswüchse findet auch mitten in Europa statt. So wurde mir berichtet, dass ein saudiarabischer Vater, der seine Tochter nur verschleiert in einen öffentlichen deutschen Kindergarten schickt, in einem Gespräch mit der Kindergärtnerin ihr plötzlich vor die Füße spuckt, weil sie es gewagt hatte, ihm dabei in die Augen zu schauen.

[189] Llosa, Mario Vargas: *Alles Boulevard*: S. 103

der auferstehen" als eine „anachronistische, unmenschliche und fanatische Enklave"[190]. Das islamische Kopftuch sei nach Llosa nur die „Spitze eines Eisbergs", der als eine „ernste Gefahr für die Zukunft der Freiheit" die Neutralität des säkularen Staates gegenüber aller Religion in Frage stelle.

> „Denn wo Religion und Staat zusammengehen, verschwindet die Freiheit für immer."[191]

Nachdem zumindest der streng koranische Islam weniger eine Religion als vielmehr eine politisch-weltanschauliche sowie totalitäre Herrschaftsideologie darstellt, deren „Anschauungen und Traditionen" mit „den Grundrechten von Toleranz und Freiheit kollidieren"[192], erscheinen diese Bedenken sehr wohl berechtigt, auch wenn vor allem die im „Westen" lebenden Muslime, die (wie auch ihre christlichen Verwandten) ihr „Heiliges Buch", wenn überhaupt und dann - Humanismus und Aufklärung sei Dank - nur selektiv-euphemistisch lesen, solche Gedanken natürlich energisch zurückweisen werden. Die geistige Abhängigkeit ihres theozentrisch-indoktrinierten Denkens will offensichtlich auch hier in der angeblich von Allah im Koran verordneten Bevormundung und „Verregelung" des Alltags den totalitären Machtanspruch der sich in exegetischer Beliebigkeit übenden Kleriker (und der daher auch wahrlich zahlreichen islamischen Glaubensrichtungen) oft nicht wahrhaben.

„Es kommt doch nicht darauf an, was wir auf dem Kopf, sondern was wir im Kopf haben."[193] Dieser aufschlussreiche Satz der lybischen Frauenaktivistin Magdoulin Obeida, der offenbar eine bestehende Differenz zwischen Kleidung und Denken insinuieren will, kann vielleicht doch zumindest für jene Länder Hoffnung geben, in denen nicht mehr orthodox-

---

190 Ebenda: S. 105
191 Ebenda: S. 101 f.
192 Ebenda: S. 106
193 El-Gawhary: S. 17

muslimische Machthaber und Kleriker auch weiterhin das Sagen haben oder gar islamistische Gotteskrieger wieder die Macht an sich reißen können.

Wenn auch schon aus menschenrechtlichen Grundsätzen gegen ein Tragen des islamischen Kopftuchs im öffentlichen Raum nichts eingewendet werden kann, so hat jedoch auch dieses gegenüber allen anderen Mitbürgern letztendlich diskriminierende, religiös-kulturelle Symbol des absolut-singulären islamischen Wahrheitsanspruchs in Beschäftigungsverhältnissen, die von öffentlichen Institutionen geführt oder auch mehrheitlich finanziert und von allen Bürgern gleichermaßen genutzt werden, nichts verloren. Das sollte daher im Besonderen alle Lehrerinnen an öffentlichen Schulen und Universitäten betreffen und ebenso für muslimische Mädchen bis zum 14. Lebensjahr (Religionsmündigkeit) in einem öffentlichen Kindergarten oder einer öffentlichen Schule und im Übrigen dort auch für alle anderen religiösen Bekleidungen gelten. Religion und Staat sollten endlich getrennt werden, so wie auch jeder Religionsunterricht und ebenso jeder theologische Lehrstuhl von den Glaubensgemeinschaften selber zu finanzieren wäre.

Dass der Islam auch hier wieder einmal nur auf christlich-jüdische Vorschriften zurückgegriffen hat (1 Kor 11,7, S. 78), die ihrerseits wieder auf Gesetze zurückgehen, die seit dem 3. Jahr-tausend v.u.Z. schon für Mesopotamien und auch für Ägypten belegt sind, möge auch noch folgender Satz des Kirchenvaters Quintus Tertullian (160-225) belegen, der uns heute natürlich an die schwarz verhüllten Frauengestalten besonders in islamischen Gottesstaaten gemahnt:

> „Der Frau steht nur Trauerkleidung zu. Sobald sie dem Kindesalter entwachsen ist, soll sie 'ihr so gefahrenbringendes Antlitz' verhüllen, bei Gefahr des Verlustes der ewigen Seligkeit."[194]

---

[194] http://www.kreudenstein-online.de/Helauluja/inspirationen_zum_thema_frau.htm (letzter Zugriff 1.3.2015)

Dass aber heute sogar in streng islamischen Ländern religiös-männlicher Chauvinismus nicht mehr widerspruchslos hingenommen wird, soll abschließend noch die Meinung einer direkt betroffenen Frau aus dem wahabitischen Saudi-Arabien versanschaulichen:

> „Frauen sollen in dieser Frage keine Wahl haben, fordert die saudische Bloggerin Eman Al Nafja. «Für jede Frau, die aus freien Stücken den Gesichtsschleier wählt, gibt es Hunderte, wenn nicht sogar Tausende, die vom religiösen Establishment, der Familie und der Gesellschaft unter Druck gesetzt werden, ihr Gesicht zu bedecken", argumentiert sie. „Was sollen wir opfern? Die eine Frau, die es dadurch schafft, Gott näher zu sein oder diese hundert anderen, damit die Erste eine freie Wahl hat?», fragt sie. Sie erzählt von saudischen Frauen, die darauf konditioniert wurden, dass der Gesichtsschleier unabdingbar ist und die vor dem Fernseher sitzen und unverschleierte Frauen sehen und kommentieren: «Sie bekommen die Welt und wir das Jenseits.»"[195]

Solange aber andererseits islamische Frauen noch glauben, sich der ihnen eingeimpften Vorstellung unterwerfen zu müssen, „daß der Islam die richtige Mischung von Freiheit und Sicherheit erreicht hat, die Frauen sich wünschen"[196] [sollen], und meinen, dass gerade die heutige Zeit „gut dazu geeignet" sei, der islamischen Vorstellung der Rolle und Rechte der Frau „mit offenem Herzen zu begegnen", solange wird sich an den mittelalterlich-patriarchalischen Zuständen, die jeder freiheitlich-demokratischen wie auch menschenrechtlichen Weiterentwicklung entgegenstehen, in konservativ-islamischen Gesellschaften nicht wirklich etwas verändern können. Muslimas wird auch noch „geschlechtergerecht" die Last einer archaischen Vorstellung von „Familienehre" aufgebürdet, ihren Körper sollen/müssen sie aber auch deswegen verhüllen, weil er

---

[195] El-Gawhary, Karim: *Burka-Verbot: Bruchlinien auch in arabischer Welt* in: Die Presse, 19.7.2010

[196] Lemu, Aisha B./Grimm, Fatima: *Frau und Familienleben im Islam*: S. 24 f.

für die männlich-sauberen Muslime als unrein und weniger „ehrbar" zu gelten habe (4,44 bzw. 5,7, S. 94). Mit dieser korangemäßen Begründung werden schon junge Mädchen in Koranschulen dazu angehalten, neben dem Niqab auch noch Handschuhe zu tragen.[197] Das Interesse wirklich selbstbewusster, emanzipierter und eigenveranwortlicher Frauen, ihr Herz diesem konservativ-islamischen Rollenbild der Frau auch nur in irgendeiner Form zu öffnen, dürfte sich allerdings in Grenzen halten.

Man möchte aber auch den Frauen aller anderen Religionen wünschen, sie mögen sich von den Apologeten vorgeblich göttlicher Offenbarungen nicht für so naiv verkaufen lassen, wofür sie von diesen offenbar noch immer gehalten werden.

---

[197] James, Sabatina: *Meine Flucht vor der Zwangsheirat* in: http://www.planet-wissen.de/sendungen/2014/01/20_zwangsheirat.jsp (letzter Zugriff 1.3.2015)

Artikel 3 (AEMR)
Jede Person hat das Recht auf Leben, Freiheit und Sicherheit

Obwohl dieser Artikel zwar das Recht auf Leben einschließt, wurde die Todesstrafe nicht explizit in die Menschenrechts-Deklaration aufgenommen, weil viele Staaten bis heute nicht auf dieses ultimative Mittel der Bestrafung verzichten wollen. Trotzdem verstößt die Todesstrafe natürlich gegen diesen Menschenrechtsartikel und ist daher schlicht unethisch, auch wenn sie nur nach „fairem“ Prozess verhängt werden sollte; Fehlurteile werden trotz fortschrittlicher Identifizierungsmethoden oder DNA-Tests auch in Zukunft nicht ganz auszuschließen sein. Es erscheint auch zynisch, diese unwiderrufliche Form der Bestrafung auch noch weiterhin unter Hinweis auf neue „humane“ Hinrichtungsmethoden zu rechtfertigen. Immerhin haben bisher 98 Staaten die Todesstrafe abgeschafft, weitere sieben in Friedenszeiten, 35 Staaten in der Praxis, aber nicht per Gesetz eliminiert; immer noch halten 58 Staaten zumindest grundsätzlich an ihr fest.[198] In Israel wurde die Todesstrafe bereits 1954, allerdings nur für Friedenszeiten, abgeschafft. So wurde noch 1962 der Kriegsverbrecher Adolf Eichmann durch den Strang hingerichtet, die bisher einzige Vollstreckung eines Todesurteils im modernen Israel.[199]

Doch wenden wir uns zunächst dem biblischen Israel zu, wo im angeblichen Auftrag Jahwes - er erhörte aber auch umgekehrt die Wünsche seines auserwählten Volkes - allerdings noch andere Sitten und Gebräuche bis hin zum Genozid herrschten.

---

198 www.amnesty-todesstrafe.de/files/reader_wenn-der-staat-toetet_laenderliste.pdf (letzter Zugriff 1.3.2015)

199 www.welt.de/kultur/history/article106391464/Das-Los-machte-Schalom-Nagar-zu-Eichmanns-Henker.html (letzter Zugriff 1.3.2015)

Völkermord - Massenmord

„Als der kanaanitische König von Arad, der im Negeb saß, hörte, dass Israel auf dem Weg von Atarim heranzog, griff er die Israeliten an und machte einige Gefangene.
Da gelobte Israel dem Herrn: Wenn du mir dieses Volk in meine Gewalt gibst, dann weihe ich ihre Städte dem Untergang.
Der Herr hörte auf Israel und gab die Kanaaniter in seine Gewalt. Israel weihte sie und ihre Städte dem Untergang. Daher nannte man den Ort Horma (Untergangsweihe)." (Num 21,1-3)
„Der Herr sagte zu Mose: Hab keine Angst vor ihm; denn ich gebe ihn mit seinem ganzen Volk und seinem Land in deine Gewalt. Mach mit ihm, was du schon mit dem Amoriterkönig Sihon gemacht hast, der in Heschbon saß.
Da erschlugen die Israeliten Og und seine Söhne und sein ganzes Volk; keiner von ihnen konnte entrinnen. Die Israeliten aber besetzten sein Land." (Num 21,34-35)
„Wenn der Herr, dein Gott, dich in das Land geführt hat, in das du jetzt hineinziehst, um es in Besitz zu nehmen, wenn er dir viele Völker aus dem Weg räumt - Hetiter, Girgaschiter und Amoriter, Kanaaniter und Perisiter, Hiwiter und Jebusiter, sieben Völker, die zahlreicher und mächtiger sind als du -,
wenn der Herr, dein Gott, sie dir ausliefert und du sie schlägst, dann sollst du sie der Vernichtung weihen. Du sollst keinen Vertrag mit ihnen schließen, sie nicht verschonen." (Dtn 7,1-2)
„Der Herr, dein Gott, zieht selbst vor dir hinüber, er selbst vernichtet diese Völker bei deinem Angriff, sodass du ihren Besitz übernehmen kannst. Josua zieht vor dir hinüber, wie es der Herr zugesagt hat.
Der Herr wird an ihnen tun, was er an Sihon und Og, den Amoriterkönigen, die er vernichtete, und an ihrem Land getan hat.
Der Herr wird sie euch ausliefern: Dann sollt ihr an ihnen genau nach dem Gebot handeln, auf das ich euch verpflichtet habe."
(Dtn 31,3-5)
„So spricht der Herr der Heere: Ich habe beobachtet, was Amalek Israel angetan hat: Es hat sich ihm in den Weg gestellt, als Israel aus Ägypten heraufzog.
Darum zieh jetzt in den Kampf und schlag Amalek! Weihe alles, was ihm gehört, dem Untergang! Schone es nicht, sondern töte

> Männer und Frauen, Kinder und Säuglinge, Rinder und Schafe, Kamele und Esel!“ (1 Sam 15,2-3)

Zum Krieg gegen eine Stadt gibt der eifersüchtige Jahwe folgende Anweisungen, damit niemand anderen Göttern diene:

> „Wenn der Herr, dein Gott, sie in deine Gewalt gibt, sollst du alle männlichen Personen mit scharfem Schwert erschlagen.
> Die Frauen aber, die Kinder und Greise, das Vieh und alles, was sich sonst in der Stadt befindet, alles, was sich darin plündern lässt, darfst du dir als Beute nehmen. Was du bei deinen Feinden geplündert hast, darfst du verzehren; denn der Herr, dein Gott, hat es dir geschenkt.
> So sollst du mit allen Städten verfahren, die sehr weit von dir entfernt liegen und nicht zu den Städten dieser Völker hier gehören.
> Aus den Städten dieser Völker jedoch, die der Herr, dein Gott, dir als Erbbesitz gibt, darfst du nichts, was Atem hat, am Leben lassen.
> Vielmehr sollst du die Hetiter und Amoriter, Kanaaniter und Perisiter, Hiwiter und Jebusiter der Vernichtung weihen, so wie es der Herr, dein Gott, dir zur Pflicht gemacht hat,
> damit sie euch nicht lehren, alle Gräuel nachzuahmen, die sie begingen, wenn sie ihren Göttern dienten, und ihr nicht gegen den Herrn, euren Gott, sündigt.“ (Dtn 20,13-18)

Dass dieser Gott gleich im Anschluss an diese Vernichtungsaufträge seine Barmherzigkeit dem Baumbestand gewidmet habe, dürften nicht nur böswillige Atheisten zynisch finden:

> „Wenn du eine Stadt längere Zeit hindurch belagerst, um sie anzugreifen und zu erobern, dann sollst du ihrem Baumbestand keinen Schaden zufügen, indem du die Axt daran legst. Du darfst von den Bäumen essen, sie aber nicht fällen mit dem Gedanken, die Bäume auf dem Feld seien der Mensch selbst, sodass sie von dir belagert werden müssten.“ (Dtn 20,19)

Die angeblich so hochstehenden moralischen Botschaften der Bibel hat auch Moses durch folgende Verse der „vollzähligen Versammlung Israels“ in einem Lied verkündet:

> „Habe ich erst die Klinge meines Schwertes geschliffen,/um das Recht in meine Hand zu nehmen,/dann zwinge ich meinen Gegnern die Strafe auf/und denen, die mich hassen, die Vergeltung. Meine Pfeile mache ich trunken von Blut,/während mein Schwert sich ins Fleisch frisst -/trunken vom Blut Erschlagener und Gefangener,/ins Fleisch des höchsten feindlichen Fürsten.“
> (Dtn 32,41-42)

Auch die nächstenliebenden Kreuzritter setzten diese massenmordenden Traditionen in (un-)würdiger Weise fort und rechtfertigten sich glaubensgewiss mit dem bekannten „Gott will es“. Als sie 1099 Jerusalem eroberten, wurden nahezu alle Bewohner, Juden wie Moslems, niedergemetzelt, sodass die frommen Mordgesellen angeblich bis zu ihren Knöcheln in Blut wateten. Die Schwankungsbreite der nach arabischen Quellen überlieferten Anzahl an Getöteten zwischen 30.000 und 70.000 dürfte allerdings darauf hindeuten, dass diese Angaben wohl eher orientalischer Fabulierlust entsprungen sind als den Tatsachen entsprechen. Diese exzessive Gnadenlosigkeit wird aber dadurch nicht eine weniger verabscheuungswürdige Barbarei.

Auch die Vernichtung der Kultur und die Zwangschristianisierung der südamerikanischen Ureinwohner durch die europäischen Eroberer konnten selbstverständlich ebenso bibelkonform gerechtfertigt werden. Und Papst Benedikt I. stellte bei seinem Brasilienbesuch 2007 noch die, dort von vielen als sehr arrogant empfundene Behauptung auf, die Indios hätten Christus, den Retter, "ohne ihn zu kennen, in ihren vielfältigen religiösen Traditionen gesucht“. Diese Suche musste offenbar mit der Ermordung von Millionen Menschen belohnt werden.

Aber vielleicht haben die nächstenliebenden Conquistadores außer von den blutrünstigen Kreuzfahrern auch insbesondere von den islamischen Gotteskriegern gelernt, die schon ab dem 7. Jahrhundert unter dem Vorwand, ihre einzig wahre Religion zu verbreiten, damit begonnen haben, ganze Zivilisationen auszuplündern und zu zerstören. Schon 634 erreichte der islamisch-arabische Imperialismus das heutige Pakistan und unterwarf nach mehreren erfolglosen Feldzügen 672 den Sindh. Als Tausende gefangene Brahmanen die Zwangsbeschneidung verweigerten, wurden alle über siebzehn Jahren ermordet. Bei einem Aufstand der Hindus 1193 ließ der Kommandant Allahs (Qutubuddin Aibak) drei Türme aus Köpfen errichten und ein anderer Diener des Allbarmherzigen (Timur) ließ im Verlauf von nur einer Stunde angeblich 10.000 Ungläubige enthaupten und in Dehli an einem Tag 100.000 „Ungläubige, verruchte Götzendiener" erschlagen.[200] Die Zahlen dürfen wohl auch hier bezweifelt werden, dies ändert aber auch hier nichts an den monströsen Ungeheuerlichkeiten dieser Dschihadisten. Bereits 712 ist auch das gesamte ehemals christliche Nordafrika islamisiert und auch Südspanien erobert.

Nicht etwa überzeugungsfähige, friedfertige Missionare oder das moralisch-ethische Vorbild der Umma sollten die Religion des Friedens, der Toleranz und Brüderlichkeit verbreiten, sondern das „Schwert des Propheten" wütete nach dessen eigenen Eroberungen zunächst fast 470 Jahre lang von Nordwestafrika bis an die Grenzen Chinas, bevor sich überhaupt die ersten Kreuzfahrer aufmachten, diesem Treiben, das sich dann auch weiterhin das ganze Mittelalter hindurch bis in unsere Zeit fortsetzten sollte, letztendlich wenig erfolgreich entgegenzutreten. Um von den Gräueltaten der eigenen Dschihadisten abzulenken, deren Eroberungen sie auch noch gerne als „Befreiungskriege" deklarieren, werden islamische Apologeten auch heute noch nicht müde, dem Christentum immer wieder die Grausamkeiten der Kreuzfahrer vorzuhalten. Dass aber bereits 635 ein muslimisches Heer das bis dahin zum

[200] Vgl. Gopal: S. 207 ff.

christlich-byzantinischen Reich gehörende Damaskus und zwei Jahre später auch Jerusalem erobert hatte, Krieg, Genozid, Vergewaltigung, Sklaverei und Zwangsislamisierung den heute so vielbeschworenen „friedlich-toleranten" Dschihad kennzeichneten, wird dabei aber nur allzu gerne unterschlagen.

Wer weiterhin der Meinung ist, dass islamistische Terror- und Selbstmordanschläge oder neuerdings die korankundigen Gotteskrieger des neuen Kalifats in Syrien und im Irak für den für sie „wahren Islam" (dieser Begriff scheint inzwischen überhaupt zu einem sehr dehnbaren Begriff geworden zu sein) keine Rechtfertigung durch die islamischen Glaubengrundlagen hätten, sollte vielleicht zum Thema Menschenwürde, Toleranz, friedvoller Koexistenz und friedlicher Dschihad doch noch einmal einen kritischen Blick in den Koran riskieren:

> „O Gläubige, nehmt keine Ungläubigen zu Freunden, wenn Gläubige vorhanden sind." (3,29)
> „O Gläubige, nehmt weder Juden noch Christen zu Freunden; denn sie sind nur einer des anderen Freund (gegeneinander). Wer von euch sie zu Freunden nimmt, der ist einer von ihnen. Ein ungerechtes Volk leitet Allah nicht." (5,52; vgl. auch 3,119)
> „Sie wünschen, daß ihr Ungläubige werdet, so wie sie Ungläubige sind, und ebensolche Bösewichte wie sie. Schließt daher eher kein Freundschaftsbündnis mit ihnen, als bis sie für die Religion Allahs auswandern (Allahs Weg einschlagen). Weichen sie aber ab, so ergreift und tötet sie, wo ihr sie auch finden mögt, und nehmt keine Freundschaft und Unterstützung von ihnen an;" (4,90)
> „Doch der Lohn derer, welche sich gegen Allah und seinen Gesandten empören [...], wird sein: dass sie getötet oder gekreuzigt oder ihnen die Hände und Füße an entgegengesetzten Seiten abgehauen oder dass sie aus dem Lande verjagt werden. Das ist die Strafe in dieser Welt, und auch in jener Welt erwartet sie große Strafe." (5,34)
> „Einem Dieb und einer Diebin haut die Hände ab, zur Strafe dessen, was sie getan haben. Diese warnende Strafe ist (von) Allah; denn Allah ist allmächtig und allweise." (5,39)

„Bekämpft sie, bis alle Versuchung aufhört[201] und die Religion Allahs allgemein verbreitet ist." (8,40)
„Tötet (bekämpft) für Allahs Pfad - euere Religion -, die euch töten wollen; doch beginnt nicht ihr die Feindseligkeiten; [...].
Tötet sie, wo ihr sie trefft, verjagt sie, von wo sie euch vertrieben; vertreiben ist schlimmer als töten. [..]" (2,191-192)
„Der Krieg (Kampf) ist euch vorgeschrieben. [...]." (2,217)
„Jene aber, die glauben und ausziehen, um für die Religion Allahs zu kämpfen, die dürfen Allahs Barmherzigkeit gewärtig sein; denn Allah ist versöhnlich und barmherzig." (2,219)
„Ebenso als dein Herr den Engeln offenbarte: „Ich bin mit euch, stärkt daher die Gläubigen, aber in die Herzen der Ungläubigen will ich Furcht bringen; darum haut ihnen die Köpfe ab und haut ihnen alle Enden ihrer Finger ab; " (8,13)
„Sind aber die heiligen Monate, in welchen jeder Kampf verboten ist, verflossen, dann tötet die Götzendiener, wo ihr sie auch finden mögt; oder nehmt sie gefangen oder belagert sie und lauert ihnen auf allen Wegen auf." (9,5)
„Bekämpft diejenigen der Schriftbesitzer, welche nicht an Allah und den Jüngsten Tag glauben und die das nicht verbieten, was Allah und sein Gesandter verboten haben, und sich nicht zur wahren Religion bekennen, so lange, bis sie ihren Tribut in Demut entrichten (und sich unterwerfen)." (9,29)
„Wenn ihr nicht zum Kampfe auszieht, wird euch Allah mit schwerer Strafe belegen und ein anderes Volk an euere Stelle setzen." (9,39)
„Zieht in den Kampf, leicht oder schwer[202], und kämpft mit Gut und Blut für die Religion Allahs;" (9,41)
„Wahrlich, Allah hat das Leben und das Vermögen der Gläubigen dafür erkauft, dass sie das Paradies erlangen, indem sie für die Religion Allahs kämpfen. Mögen sie nun töten oder getötet werden, so wird doch die Verheißung, welche in der Thora, im Evangelium und im Koran enthalten ist, ihnen in Erfüllung gehen." (9,111)

201 Koran: S. 146, FN 17 [L.W.-Winter]: „Mit dem Schwert zerstört allen Götzendienst und mit dem Schwert verbreitet den Islam."

202 Ebenda: „So wörtlich. Wahl erklärt es mit arm oder reich; Savary mit: jung oder alt. Ullmann: Mit Fußvolk und Reiterei. Ich [L. W.-Winter] meine: leicht- und schwerbewaffnet."

„Wenn ihr im Kriege mit den Ungläubigen zusammentrefft, dann schlagt ihnen die Köpfe ab, bis ihr eine große Niederlage unter ihnen angerichtet habt. Die übrigen legt in Ketten und gebt sie, wenn des Krieges Lasten zu Ende gegangen sind, entweder aus Gnade umsonst oder gegen Lösegeld frei[203]." (47,5)

Zumindest eine Frage sollte hier doch noch zu Vers 2,191-192 gestellt werden: Wer hat zwischen Westafrika und indischem Subkontinent den Islam „vertrieben" oder gar die „Feindseligkeiten" begonnen?

Den apologetischen Behauptungen, alle negativen Auswüchse von Religion hätten entweder „nichts mit dem wahren Islam" oder „nichts mit dem wahren Christentum" zu tun, kann daher nur mit folgender Feststellung begegnet werden: wenn die vorgeblich „heiligen" Texte, deren offensichtlich missverständliche und auch widersprüchliche Aussagen immer wieder derart exegetisch missbraucht werden können, dann sind sie als Richtlinien für eine ethische Weiterentwicklung der Menschheit denkbar ungeeignet. Dass die große Mehrheit der Gläubigen friedfertige Bürger sind, die sich eine euphemistisch-selektive Privatversion ihrer Religion zurechtgelegt haben und „nur" radikale Minderheiten Bibel oder Koran[204] exzessiv-wörtlich auslegen, ist für Frieden und Sicherheit in dieser Welt letztendlich unerheblich und hat die unzähligen Opfer religiöser Eiferer ebenso wenig verhindern können, wie die millionenfachen Morde an ebenso friedfertigen

---

[203] Ebenda: S. 411, FN 2: „Die Hanifiten halten dieses strenge Gesetz nur für den Kampf zu Bedr gegeben, später aber aufgehoben. Die Schiiten dagegen halten dasselbe für immer gegeben und glauben sich verpflichtet, die ihnen während der Schlacht in die Hände fallenden Feinde töten zu müssen, die von ihnen aber später als Gefangene eingebrachten Feinde entweder umsonst oder gegen ein Lösegeld oder gegen Auswechslung mohammedanischer Gefangener freilassen zu dürfen."

[204] Nach weltweiten Schätzungen betragen diese „Minderheiten" 15 – 25% der ca. 1,2 [1,6] Milliarden Muslime; in Summe also ca. 180 – 300 [240 – 400] Millionen in: https://evidentist.wordpress.com/2014/07/29/der-moderate-islam-ist-irrelevant/(letzter Zugriff 1.3.2015)

Menschen, die im Namen anderer totalitärer Ideologien und auf Befehl einer ebenso kleinen Nomenklatura liquidiert wurden. Nicht nur der Nationalsozialismus verstand es, auf einer para-religiösen Klaviatur zu spielen, wenn etwa die Gleichsetzung von christlichem mit politischem „Heilsgeschehen" aus Hitler einen neuen Christus werden ließ[205] oder ein Herr Goebbels noch am 11. März 1945 von seinem „totalen Krieg" als „Gottesdienst" fantasierte.[206] Sollte jemandem entgangen sein, dass auch Stalinismus oder Maoismus ebenso quasireligiös organisiert waren, so kann er dies auch heute noch an der Lebenswirklichkeit in Nordkorea nachprüfen.

Und genauso haben auch die Millionen, humanistische Werte lebende „Atheisten" keine Verantwortung für die Unmoral etwa eines „gottlosen" Stalin oder Mao. Atheismus wie Theismus sind zunächst weltanschauliche Positionen wie jede andere auch, die durchaus friedlich nebeneinander bestehen könn(t)en. Unfreiheit, Unterdrückung und Gesinnungsterror beginnen jedoch immer dann, wenn theologische oder andere ideologische Rechthaberei „[m]oralische, rechtliche und politische Relevanz gewinnt"[207] und ihr jeweiliges „Glaubens"-System totalitär allen Menschen aufzwingen will. Aber weder die „Heilslehre" des Nationalsozialismus noch jene des Kommunismus wurden zur Durchsetzung des Atheismus verkündet, auch wenn deren Apostel Atheisten gewesen sein mögen, sondern vor allem der sehr weltliche Machtanspruch der Kirchen war den Herrschenden ein Dorn im Auge. Totalitäre Ideologien dulden im eigenen Machtbereich naturgemäß keine Konkurrenz mit ebensolch totalitärem Anspruch. Die Kirche wurde daher in ihre Schranken gewiesen, mit dem Konkordat ruhig gestellt und ließ sich dann ohne viele Skrupel dazu missbrauchen, die große Mehrheit der Gläubigen bei der Stange zu halten. Im Übrigen kennen Geschichte und Gegenwart we-

---

[205] http://www.zeit.de/2004/34/Nazi-Kirche (letzter Zugriff 1.3.2015)

[206] Ansprache vor Soldaten der Ostfront zum Endkampf um Deutschland.

[207] Dahl, Edgar, *Brauchen wir eine Kriminalgeschichte des Atheismus?* in: http://www.wissenbloggt.de/?p=26077 (letzter Zugriff 1.3.2015)

sentlich mehr religiös als säkular begründete Tyrannei, welch letztere sich aber offensichtlich noch leichter mittels zusätzlicher, jenseitiger Froh- und Drohbotschaften durchsetzen lässt. Dies haben nicht erst Hitler und Stalin erkannt.

Christlich-heilig bekräftigte Eidesformeln vervielfachen natürlich ihre Wirksamkeit, noch dazu, wenn damals Deutschlands Bischöfe gleichzeitig und bibelkonform in jeder menschlichen Obrigkeit einen Abglanz der göttlichen Herrschaft erblickten (Röm 13,1-5, siehe S. 127) und daher folgerichtig wie folgenreich verkündeten:

> „Unser Kanzler wurde von Gott berufen."[208]

Daher natürlich auch das fromm-folgsame Soldatengebet im Katholischen Militär-Gebet- und Gesangbuch:

> „Mit Gott für Führer, Volk und Vaterland!"[209]

Und so durfte der Gottesbezug natürlich auch nicht bei der Vereidigung auf den Führer fehlen:

> **Der Führereid der Wehrmacht:**
> „Ich schwöre bei Gott diesen heiligen Eid, daß ich dem Führer des Deutschen Reiches und Volkes, Adolf Hitler, dem Oberbefehlshaber der Wehrmacht unbedingten Gehorsam leisten und als tapferer Soldat bereit sein will, jederzeit für diesen Eid mein Leben einzusetzen."
> **Die vollständige Eidesformel der Schutzstaffel (SS)**:
> „Wie lautet Dein Eid?" - „Ich schwöre Dir, Adolf Hitler, als Führer und Kanzler des Deutschen Reiches Treue und Tapferkeit. Wir geloben Dir und den von Dir bestimmten Vorgesetzten Gehorsam bis in den Tod. So wahr mir Gott helfe!"
> „Also glaubst Du an einen Gott?" - „Ja, ich glaube an einen Herrgott."

---

[208] Deschner, Karlheinz: *Mit Gott und den Faschisten – Der Vatikan im Bunde mit Mussolini, Franco, Hitler und Pavelić* (2012): S. 87

[209] Ebenda: S. 118

„Was hältst Du von einem Menschen, der nicht an einen Gott glaubt?"
Die Antwort lautet: „Ich halte ihn für überheblich, größenwahnsinnig und dumm; er ist nicht für uns geeignet."[210]

Da wollen uns christlich-abendländische Agitatoren auch heute noch weismachen, dass sich solche Zustände mit einem Gottesbezug in der Verfassung verhindern ließen. Nicht auszudenken jenes Konfliktpotential, wenn dann mit Recht auch alle anderen Religionen ihren jeweiligen Gott in die Verfassung eines säkular-demokratischen Staates hinein reklamierten.

Dem Klerus ging und geht es schlussendlich wie schon seit zweitausend Jahren vor allem um den eigenen Machterhalt, auch wenn Humanität und Ethos dabei auf der Strecke bleiben. Der Freiburger Erzbischof Gröber, förderndes Mitglied der SS, versichert in seinem *Handbuch der religiösen Gegenwartsfragen* (1937) Hitler noch die besondere Treue der katholischen Kirchenführer und die freudige Hinwendung der Katholiken zum nationalsozialistischen Staat, bescheinigt ihm die Wiederherstellung der Menschenwürde (!) und feiert das Dritte Reich als einen Rechtsstaat (!).[211] Zu Kriegsbeginn darf natürlich nicht ein entsprechender „Hirtenbrief" fehlen:

"In dieser entscheidenden Stunde ermutigen und ermahnen wir unsere katholischen Soldaten, aus Gehorsam zum Führer ihre Pflicht zu tun und bereit zu sein, ihre ganze Person zu opfern."[212]

In einem Schreiben zu Beginn des Russlandfeldzugs spenden die guten Hirten ihren Gläubigen Trost:

„(...) möge die trostvolle Gewißheit euch stärken, daß ihr damit nicht nur dem Vaterland dient, sondern zugleich dem heiligen Willen Gottes folgt."[213]

---

[210] http://de.wikipedia.org/wiki/Führereid (letzter Zugriff 1.3.2015)
[211] Vgl. Deschner (2012): S. 109
[212] Ebenda: S. 116

Müßig zu erwähnen, dass sich auch die evangelischen Hierarchen dem nationalsozialistischen Staat angebiedert haben und schon gleich nach Hitlers Wahlsieg erklärten:

> „Zu dieser Wende der Geschichte sprechen wir ein dankbares Ja. Gott hat sie uns geschenkt. Ihm sei die Ehre!"[214]

Die Welt kann nur froh sein, dass der „Wille Gottes" schließlich auf Seite der Alliierten war, und auch die Hilfe der Gottesmutter sich den deutsch-christlichen Gebeten und dem erhofften „Endsieg" der Achsenmächte verweigerte.

Neben Mussolini und Franco durfte sich auch Kroatiens Faschistenführer Ante Pavelić päpstlicher Unterstützung erfreuen, ging es doch gegen die serbisch-orthodoxe Kirche. Die Ustascha-Horden zerstörten entweder deren Kirchen oder diese wurden in katholische umgewandelt, wie auch der ganze Besitz der serbisch-orthodoxen Kirche in den Besitz der katholischen übergeführt wurde.[215] Auch unter Mithilfe unzähliger katholischer Priester, allen voran franziskanische Mönche, wurden serbische Geistliche wie auch Zivilisten liquidiert, zu Tode gefoltert oder auch lebendig begraben. Allein zwischen April und Juni 1941 sind „drei orthodoxe Bischöfe, mehr als hundert orthodoxe Priester und Ordensleute, sowie 180.000 Serben und Juden ermordet worden" und im Juli wurden „in wenigen Tagen über 100.000 serbische Frauen und Kinder niedergemacht." Von insgesamt zwei Millionen orthodoxen Serben wurden 240.000 zwangsbekehrt und 750.000 auf grausamste Weise gefoltert und ermordet.[216] Die unfassbaren Gräueltaten müssen hier nicht mehr wiederholt werden. Doch zu alldem schwieg Papst Pius XII. – wie auch zum Holocaust.

Was nun noch die russisch-orthodoxe Kirche betrifft, so wurde auch sie von Stalins Kommunisten nicht deshalb ver-

---

213 Ebenda: S. 119

214 Ebenda: S. 129

215 Vgl. Ebenda: S. 175

216 Vgl. Ebenda: S. 176 f.

folgt, weil die Gläubigen an überirdische Himmelsbewohner glaubten, sondern weil deren selbst ernannte Stellvertreter als sehr irdisch-profane Machtinstanzen wahrgenommen und von daher zu "Klassenfeinden" erklärt wurden. Aber auch sie versagten Stalin nicht die Unterstützung, als er für den „Großen Vaterländischen Krieg" ihre geistliche Mithilfe für die Motivierung der Kampfbereitschaft und zur trostvollen Sterbebegleitung der Soldaten benötigte. So vermehrte sich zwischen 1939 und 1943 allein in Moskau die Zahl der Kirchen Moskaus auf wunderbare Weise von 15 auf über 50 und es konnten zwei Geistliche Akademien wie auch acht Priesterseminare eingerichtet werden. Und 46 Bischöfe unterzeichneten auch noch folgende Botschaft an Genossen Stalin:

> „Gott schenke unserem lieben Vaterland den baldigen Sieg und unserem vielgeliebten Chef Joseph Stalin noch zahlreiche Lebensjahre."

Und abschließend noch das offenbar „Allerwichtigste": dem Patriarchen wurde nach seinem Tod 1944 ein Staatsbegräbnis zugestanden.[217]

[217] Vgl. Dahl, FN 207, S.115

Todesstrafe

Niemand wird wohl behaupten wollen, dass in der Bibel das Recht auf Leben verankert wäre. Das 5. Gebot, „Du sollst nicht töten" bezieht sich offenkundig nur auf das Volk Israel selbst. Auch wenn etwa das Talionsprinzip einen ethischen Fortschritt bedeutete, war dieses aber, folgerichtig wie inkonsequent, bei Totschlag oder Mord auch innerhalb des „auserwählten" Volkes mit der Todesstrafe (meist Steinigung, in bestimmten Fällen auch Verbrennen[218]) verbunden.

> „Wer Menschenblut vergießt, dessen Blut wird durch Menschen vergossen. Denn: Als Abbild Gottes hat er den Menschen gemacht." (Gen 9,6)
> „Wer einen Menschen so schlägt, dass er stirbt, wird mit dem Tod bestraft." (Ex 21,12)

Der darauf folgende Vers Jahwes diente wohl dazu, sich auf den Willen und die Vorsehung Gottes ausreden zu können:

> „Wenn er ihm aber nicht aufgelauert hat, sondern Gott es durch seine Hand geschehen ließ, werde ich dir einen Ort festsetzen, an den er fliehen kann." (Ex 21,13)

Nur schon auf Menschenraub oder eine falsche Aussage vor Gericht stand die Todesstrafe:

---

218 „Heiratet einer eine Frau und ihre Mutter, so ist das Blutschande. Ihn und die beiden Frauen soll man verbrennen, damit es keine Blutschande unter euch gibt." (Lev 20,14)
„Wenn sich die Tochter eines Priesters als Dirne entweiht, so entweiht sie ihren Vater; sie soll im Feuer verbrannt werden." (Lev 21,9)
„Bei wem man dann etwas findet, das dem Untergang geweiht ist, der soll mit allem, was er hat, verbrannt werden, weil er sich am Bund des Herrn vergangen und in Israel eine Schandtat verübt hat." (Jos 7,15)

„Wer einen Menschen raubt, gleichgültig, ob er ihn verkauft hat oder ob man ihn noch in seiner Gewalt vorfindet, wird mit dem Tod bestraft." (Ex 21,16)
„[...], wenn die Richter eine genaue Ermittlung anstellen und sich zeigt: Der Mann ist ein falscher Zeuge, er hat seinen Bruder fälschlich bezichtigt,
dann sollt ihr mit ihm so verfahren, wie er mit seinem Bruder verfahren wollte. Du sollst das Böse aus deiner Mitte wegschaffen." (Dtn 19,18-19)
„Und du sollst in dir kein Mitleid aufsteigen lassen: Leben für Leben, Auge für Auge, Zahn für Zahn, Hand für Hand, Fuß für Fuß." (Dtn 19,21)

Die Todesstrafe war aber auch bei Misshandlung oder auch nur Verfluchen der Eltern befohlen, was damit auf das 4. Gebot[219] ein ganz besonderes Licht wirft:

„Wer seinen Vater oder seine Mutter schlägt, wird mit dem Tod bestraft." (Ex 21,15)
„Wer seinen Vater oder seine Mutter verflucht, wird mit dem Tod bestraft." (Ex 21,17; vgl auch Lev 20,9)

Ebenso für die Entweihung des Sabbats oder des siebentägigen Pascha-Festes verfügte Jahwe zur „ Ausmerzung" die Steinigung[220]:

„Darum haltet den Sabbat; denn er soll euch heilig sein. Wer ihn entweiht, soll mit dem Tod bestraft werden. Denn jeder, der an ihm eine Arbeit verrichtet, soll aus seinen Stammesgenossen ausgemerzt werden." (Ex 31,14; vgl. auch Ex 35,2)
„Sieben Tage lang sollt ihr ungesäuertes Brot essen. Gleich am ersten Tag schafft den Sauerteig aus euren Häusern! Denn jeder,

[219] „Ehre deinen Vater und deine Mutter, damit du lange lebst in dem Land, das der Herr, dein Gott, dir gibt." (Ex 20,12)

[220] „Da führte die ganze Gemeinde den Mann vor das Lager hinaus und steinigte ihn zu Tod, wie der Herr es Mose befohlen hatte." (Num 15,36) Anm.: Der Mann wurde am Sabbat beim Holz Sammeln angetroffen.

> der zwischen dem ersten und dem siebten Tag Gesäuertes isst, soll aus Israel ausgemerzt werden." (Ex 12,15)
> „Wer jedoch rein ist und sich nicht auf einer Reise befindet, es aber trotzdem unterlässt, das Paschafest zu feiern, der soll aus seinen Stammesgenossen ausgemerzt werden, denn er hat dem Herrn seine Gabe nicht zur festgesetzten Zeit dargebracht; ein solcher Mensch muss die Folgen seiner Sünde tragen." (Num 9,13)

Jahwes Eifersucht verträgt natürlich auch keinerlei Untreue und Atheismus konnte er sich naturgemäß schon gar nicht vorstellen:

> „Wer einer Gottheit außer Jahwe Schlachtopfer darbringt, an dem soll die Vernichtungsweihe vollstreckt werden." (Ex 22,19)

Daher mussten natürlich auch falsche Propheten für die offensichtlich selbst inszenierte Eifersucht Jahwes mit dem Tode bestraft werden, obwohl man ihnen diese göttliche Vorsehung zur Prüfung seines Volkes doch eigentlich gar nicht hätte anlasten dürfen:

> „Wenn in deiner Mitte ein Prophet oder ein Traumseher auftritt und dir ein Zeichen oder Wunder ankündigt,
> wobei er sagt: Folgen wir anderen Göttern nach, die du bisher nicht kanntest, und verpflichten wir uns, ihnen zu dienen!, und wenn das Zeichen und Wunder, das er dir angekündigt hatte, eintrifft,
> dann sollst du nicht auf die Worte dieses Propheten oder Traumsehers hören; denn der Herr, euer Gott, prüft euch, um zu erkennen, ob ihr das Volk seid, das den Herrn, seinen Gott, mit ganzem Herzen und mit ganzer Seele liebt.
> Ihr sollt dem Herrn, eurem Gott, nachfolgen, ihn sollt ihr fürchten, auf seine Gebote sollt ihr achten, auf seine Stimme sollt ihr hören, ihm sollt ihr dienen, an ihm sollt ihr euch fest halten.
> Der Prophet oder Traumseher aber soll mit dem Tod bestraft werden. Er hat euch aufgewiegelt gegen den Herrn, euren Gott, der euch aus Ägypten geführt und dich aus dem Sklavenhaus freigekauft hat. Denn er wollte dich davon abbringen, auf dem Weg zu

gehen, den der Herr, dein Gott, dir vorgeschrieben hat. Du sollst das Böse aus deiner Mitte wegschaffen.“ (Dtn 13,2-6)

Wie nun Israel aber an den Zeichen und Wundern der Propheten die wahren von den falschen unterscheiden sollte, wenn diese Wunder sowohl eintreten als auch ausbleiben können, bleibt ein Geheimnis:

> „Einen Propheten wie dich will ich ihnen mitten unter ihren Brüdern erstehen lassen. Ich will ihm meine Worte in den Mund legen und er wird ihnen alles sagen, was ich ihm auftrage.
> Einen Mann aber, der nicht auf meine Worte hört, die der Prophet in meinem Namen verkünden wird, ziehe ich selbst zur Rechenschaft.
> Doch ein Prophet, der sich anmaßt, in meinem Namen ein Wort zu verkünden, dessen Verkündigung ich ihm nicht aufgetragen habe, oder der im Namen anderer Götter spricht, ein solcher Prophet soll sterben.
> Und wenn du denkst: Woran können wir ein Wort erkennen, das der Herr nicht gesprochen hat?,
> dann sollst du wissen: Wenn ein Prophet im Namen des Herrn spricht und sein Wort sich nicht erfüllt und nicht eintrifft, dann ist es ein Wort, das nicht der Herr gesprochen hat. Der Prophet hat sich nur angemaßt, es zu sprechen. Du sollst dich dadurch nicht aus der Fassung bringen lassen.“ (Dtn 18,18-22)

Mit folgender Vorschrift konnte dann das brennende Bedürfnis der Hexenhämmerer, ihren theologisch begründeten Aberglauben gegen jenen der volkstümlichen Magie durchzusetzen, auch noch bibelkonform gerechtfertigt werden.

> „Eine Hexe sollst du nicht am Leben lassen.“ (Ex 22,17)

Der Dienst im Heiligtum verlangte Nüchternheit, während das Neue Testament das Alte mit der Behauptung „vollendet“, der Wein sei die geheimnisvolle Wesensverwandlung des Blutes Christi.

„Wenn ihr zum Offenbarungszelt kommt, dürft ihr, du und deine Söhne, weder Wein noch Bier trinken, sonst müsst ihr sterben. Das gelte bei euch als feste Regel von Generation zu Generation." (Lev 10,9)

Natürlich wurden aber vor allem Sexualdelikte wie Ehebruch, verschiedene Unzuchtverbrechen sowie auch Homosexualität, allerdings nur die männliche, mit der Tötung sanktioniert:

„Ein Mann, der mit der Frau seines Nächsten die Ehe bricht, wird mit dem Tod bestraft, der Ehebrecher samt der Ehebrecherin.
Ein Mann, der mit der Frau seines Vaters schläft, hat die Scham seines Vaters entblößt. Beide werden mit dem Tod bestraft; ihr Blut soll auf sie kommen.
Schläft einer mit seiner Schwiegertochter, so werden beide mit dem Tod bestraft. Sie haben eine schändliche Tat begangen, ihr Blut soll auf sie kommen.
Schläft einer mit einem Mann, wie man mit einer Frau schläft, dann haben sie eine Gräueltat begangen; beide werden mit dem Tod bestraft; ihr Blut soll auf sie kommen.
Heiratet einer eine Frau und ihre Mutter, so ist das Blutschande. Ihn und die beiden Frauen soll man verbrennen, damit es keine Blutschande unter euch gibt.
Ein Mann, der einem Tier beiwohnt, wird mit dem Tod bestraft; auch das Tier sollt ihr töten. (vgl. auch Ex 22,18)
Nähert sich eine Frau einem Tier, um sich mit ihm zu begatten, dann sollst du die Frau und das Tier töten. Sie werden mit dem Tod bestraft; ihr Blut soll auf sie kommen.
Nimmt einer seine Schwester, eine Tochter seines Vaters oder eine Tochter seiner Mutter und sieht ihre Scham und sie sieht die seine, so ist es eine Schandtat. Sie sollen vor den Augen der Söhne ihres Volkes ausgemerzt werden. Er hat die Scham seiner Schwester entblößt; er muss die Folgen seiner Schuld tragen.
Ein Mann, der mit einer Frau während ihrer Regel schläft und ihre Scham entblößt, hat ihre Blutquelle aufgedeckt und sie hat ihre Blutquelle entblößt; daher sollen beide aus ihrem Volk ausgemerzt werden." (Lev 20,10-18)

Todeswürdig war auch die Vergewaltigung einer Verlobten:

„Wenn ein unberührtes Mädchen mit einem Mann verlobt ist und ein anderer Mann ihr in der Stadt begegnet und sich mit ihr hinlegt,
dann sollt ihr beide zum Tor dieser Stadt führen. Ihr sollt sie steinigen und sie sollen sterben, das Mädchen, weil es in der Stadt nicht um Hilfe geschrien hat, und der Mann, weil er sich die Frau eines andern gefügig gemacht hat. Du sollst das Böse aus deiner Mitte wegschaffen.
Wenn der Mann dem verlobten Mädchen aber auf freiem Feld begegnet, sie fest hält und sich mit ihr hinlegt, dann soll nur der Mann sterben, der bei ihr gelegen hat,
dem Mädchen aber sollst du nichts tun. Bei dem Mädchen handelt es sich nicht um ein Verbrechen, auf das der Tod steht; denn dieser Fall ist so zu beurteilen, wie wenn ein Mann einen andern überfällt und ihn tötet.
Auf freiem Feld ist er ihr begegnet, das verlobte Mädchen mag um Hilfe geschrien haben, aber es ist kein Helfer da gewesen."
(Dtn 22,23-27)

Da aber der erzwungene Beischlaf eines anderen Mädchens offensichtlich nicht die Besitzansprüche eines anderen Mannes verletzte, wurde hier die unauflösliche Ehe als die angemessene Strafe erachtet:

„Wenn ein Mann einem unberührten Mädchen, das noch nicht verlobt ist, begegnet, sie packt und sich mit ihr hinlegt und sie ertappt werden,
soll der Mann, der bei ihr gelegen hat, dem Vater des Mädchens fünfzig Silberschekel zahlen und sie soll seine Frau werden, weil er sie sich gefügig gemacht hat. Er darf sie niemals entlassen.
(Dtn 22,28-29)

Vom Anspruch einer lebenslangen Versorgung einmal abgesehen, zeigt diese Zwangsverheiratung einmal mehr den biblischen Warencharakter der Frau, die als Opfer natürlich nicht gefragt wird, ob sie vielleicht auf die Zumutung, mit ihrem Vergewaltiger auch noch zusammenleben zu müssen und somit auch auf diese Strafe für sie selbst gerne verzichten würde.

Ebenso wurde dem männlichen Ego Genüge getan, wenn vorehelicher Geschlechtsverkehr nur für die Frau drastisch sanktioniert wurde, während bei falscher Beschuldigung durch den Mann er nur eine Geldbuße bezahlen hatte und gezüchtigt wurde, die Frau aber lebenslänglich bei ihrem Verleumder bleiben „durfte":

> „Wenn ein Mann eine Frau geheiratet und mit ihr Verkehr gehabt hat, sie aber später nicht mehr liebt
> und ihr Anrüchiges vorwirft, sie in Verruf bringt und behauptet: Diese Frau habe ich geheiratet, aber als ich mich ihr näherte, entdeckte ich, dass sie nicht mehr unberührt war!,
> wenn Vater und Mutter des Mädchens dann das Beweisstück ihrer Unberührtheit holen und zu den Ältesten der Stadt ans Tor bringen
> und der Vater des Mädchens den Ältesten erklärt: [...],
> [...] aber hier ist das Beweisstück für die Unberührtheit meiner Tochter!, und wenn sie das Gewand (aus der Hochzeitsnacht) vor den Ältesten der Stadt ausbreiten,
> dann sollen die Ältesten dieser Stadt den Mann packen und züchtigen lassen.
> Sie sollen ihm eine Geldbuße von hundert Silberschekel auferlegen und sie dem Vater des Mädchens übergeben, weil der Mann eine unberührte Israelitin in Verruf gebracht hat. Sie soll seine Frau bleiben. Er darf sie niemals entlassen.
> Wenn der Vorwurf aber zutrifft, wenn sich keine Beweisstücke für die Unberührtheit des Mädchens beibringen lassen,
> soll man das Mädchen hinausführen und vor die Tür ihres Vaterhauses bringen. Dann sollen die Männer ihrer Stadt sie steinigen und sie soll sterben; denn sie hat eine Schandtat in Israel begangen, indem sie in ihrem Vaterhaus Unzucht trieb. Du sollst das Böse aus deiner Mitte wegschaffen." (Dtn 22,13-21)

Wie bereits ausgeführt, vertritt auch die katholische Kirche „in schwerwiegendsten Fällen" noch heute die Todesstrafe (KKK 2266, FN 31, S. 23), obwohl sie diese im Vatikanstaat - allerdings auch erst 1969 - abgeschafft hat. Hier folgt man wohl Paulus, der in seinem Römerbrief neben dem Gebot der Unterwerfung unter die staatliche Gewalt, die angeblich von Gott stamme, auch jedwede staatliche Bestrafungsart, also auch „das Schwert", gestattet:

> „Jeder leiste den Trägern der staatlichen Gewalt den schuldigen Gehorsam. Denn es gibt keine staatliche Gewalt, die nicht von Gott stammt; jede ist von Gott eingesetzt.
> Wer sich daher der staatlichen Gewalt widersetzt, stellt sich gegen die Ordnung Gottes, und wer sich ihm entgegenstellt, wird dem Gericht verfallen.
> Vor den Trägern der Macht hat sich nicht die gute, sondern die böse Tat zu fürchten; willst du also ohne Furcht vor der staatlichen Gewalt leben, dann tue das Gute, sodass du ihre Anerkennung findest.
> Sie steht im Dienst Gottes und verlangt, dass du das Gute tust. Wenn du aber Böses tust, fürchte dich! Denn nicht ohne Grund trägt sie das Schwert. Sie steht im Dienst Gottes und vollstreckt das Urteil an dem, der Böses tut.
> Deshalb ist es notwendig, Gehorsam zu leisten, nicht allein aus Furcht vor der Strafe, sondern vor allem um des Gewissens willen." (Röm 13,1-5)

Und der Evangelist Matthäus legt folgende Variante der Todesstrafe seinem Herrn und Meister in den Mund, von der sich die pädophilen Zölibatäre offensichtlich noch nie haben beeindrucken lassen:

> „Wer einen von diesen Kleinen, die an mich glauben, zum Bösen verführt, für den wäre es besser, wenn er mit einem Mühlstein um den Hals im tiefen Meer versenkt würde." (Mt 18,6)

Angesichts der angeführten Bibelstellen wirken die bereits zitierten Aussagen im *Katechismus der Katholischen Kirche* als auch die Unhaltbarkeit dieser Behauptungen, auf die bereits im ersten Abschnitt hingewiesen wurde (S. 13), heute nur noch peinlich und sollen hier der Deutlichkeit halber noch einmal wiederholt werden:

„Denn die heilige Mutter Kirche hält aufgrund apostolischen Glaubens die Bücher sowohl des Alten wie des Neuen Testamentes in ihrer Ganzheit mit allen ihren Teilen für heilig und kanonisch, weil sie, auf Eingebung des Heiligen Geistes geschrieben, Gott zum Urheber [Autor] haben und als solche der Kirche übergeben sind." (KKK 105)

„Das Alte Testament bereitet das Neue vor, während dieses das Alte vollendet. Beide erhellen einander; beide sind wahres Wort Gottes." (KKK 140)

Jahrhundertelang haben sich auch die Nächstenliebe und Menschenwürde verkündenden christlichen Kirchen aller grausamen Hinrichtungsarten bedient, die gleichzeitig nach erfindungsreich-sadistischen Torturen auch noch einmal letzte Folterqualen bedeuteten wie das Enthaupten, Erhängen, Verbrennen, Rädern, Vierteilen oder Ertränken. Das letzte Autodafé wurde übrigens am 31. Juli 1826 von der spanischen Inquisition am Lehrer Cayetano Ripoll vollstreckt, der die Gottesschaft Jesu angezweifelt hatte.

Im Koran gibt es sogar bei Mord immerhin schon die Möglichkeit vom alten Talionsprinzip abzuweichen, allerdings ist die „Milde und Barmherzigkeit" verbunden mit persönlich-materiellem Eigennutz, der auch schon im Talmud anstelle bestimmter Körperstrafen ermöglicht wurde:

„O Gläubige, die ihr vermeint, euch sei bei Totschlag (Mord) Vergeltung vorgeschrieben: ein Freier für einen Freien, ein Sklave für einen Sklaven und Weib für Weib! Verzeiht aber der Bruder dem Mörder, so ist doch nach Recht billiges Sühnegeld zu erheben, und der Schuldige soll gutwillig zahlen. Diese Milde und Barmherzigkeit kommt von eurem Herrn." (2,179)

Ansonsten gilt gemäß alttestamentarischer Vorschrift auch im Koran das alte Vergeltungsprinzip:

„[...] Leben für Leben und Aug um Auge, Nase um Nase, Ohr für Ohr, Zahn um Zahn [...]." (5,46)

Dass aber das Töten auch im Koran nur innerhalb der Gemeinschaft der „Rechtgläubigen“ verboten wurde, belegt folgender Vers samt Ausnahme, die an die ähnlich biblische in Ex 21,13 (S. 120) erinnert:

> „Ein Rechtgläubiger darf keinen Rechtgläubigen töten, es geschehe denn unvorsätzlich. Und wer einen Gläubigen aus Versehen tötet: dann soll er einen gläubigen Sklaven befreien und Blutgeld an seine Erben zahlen, es sei denn, sie erlassen es aus Mildtätigkeit.“ [...]
> „Wer aber einen Gläubigen vorsätzlich tötet, dessen Lohn ist die Hölle, und ewig soll er darin bleiben.“ (4,93-94)

Ungläubige, die nach heutigem Sprachgebrauch „Verderben stiften auf Erden“[221] erwarten die folgenden Strafen:

> „Doch der Lohn derer, welche sich gegen Allah und seinen Gesandten empören [...], wird sein: dass sie getötet oder gekreuzigt oder ihnen die Hände und Füße an entgegengesetzten Seiten abgehauen oder dass sie aus dem Lande verjagt werden. Das ist die Strafe in dieser Welt, und auch in jener Welt erwartet sie große Strafe.“ (5,34)

Der folgende Vers erinnert an die Rechtfertigung staatlicher Gewalt bei Paulus (Röm 13,1-5, S. 127):

> „Ihr sollt nach göttlichem Gebot keinen töten, da Allah das Leben unverletzlich machte, außer wenn es die Gerechtigkeit erfordert; dies hat euch Allah geboten.“[222] (6,152)

Sowohl Bibel als auch Koran eignen sich also auch in diesen Fragen keineswegs als Leitbilder für eine zeitgemäße Ethik. Dass diese Inhalte auch noch im 21. Jahrhundert in islamischen Gottesstaaten ihre Wirksamkeit entfalten, sollen als Bei-

---

[221] siehe S. 130 f.: Strafgesetze der Iranischen Republik, Art. 190 ff.

[222] Dazu L. W.-Winter im Koran, S. 120, FN 50 „Nämlich nur Mörder, Ketzer und Ehebrecher, oder soweit es der Krieg erfordert.“

spiel menschenrechtswidriger Verfassungen, die auf den Vorgaben von Koran und Scharia beruhen, noch einige Auszüge aus den Strafgesetzen der Islamischen Republik Iran[223] zeigen. Man beachte die sich durch die Bestrafungsart ergebende Wertigkeit der Vergehen und den Zynismus des Art. 98:

> Art. 98 - Wird eine Person zu mehreren **hadd-Strafen**[224] verurteilt, so sind diese derart zu vollstrecken, daß keine von ihnen die Anwendung der anderen ausschließt; wird z.B. jemand zu Auspeitschung und Steinigung verurteilt, so muß zuerst die Auspeitschung vollstreckt werden und dann die Steinigung.
>
> Art. 110 - Die hadd-Strafe für **Homosexualität** in der Form des Verkehrs ist die Todesstrafe. Die Tötungsart steht im Ermessen des religiösen Richters.
>
> Art. 129 - Die hadd-Strafe für **lesbische Liebe** sind für jeden hundert Peitschenhiebe.
> Art. 131 - Wurde die lesbische Liebe dreimal wiederholt und ist jedesmal eine hadd-Strafe verhängt worden, so ist die hadd-Strafe beim viertenmal die Todesstrafe.
>
> Art. 174 - Die hadd-Strafe für das **Trinken berauschender Getränke** ist für Männer und Frauen achtzig Peitschenhiebe.
> Art. 179 - Trinkt jemand mehrmals berauschende Getränke und wurde nach jedem Mal eine hadd-Strafe verhängt, so wird er beim drittenmal getötet.
>
> Art. 190 - Die hadd-Strafe für den **Kampf gegen Gott und das Verderbenstiften auf Erden** ist eine der vier folgenden:

---

[223] http://www.igfm.de/themen/scharia/gesetzestexte/auszuege-aus-den-strafgesetzen-der-islamischen-republik-iran/ (letzter Zugriff 1.3.2015) Hervorhebungen durch den Autor.

[224] Hadd-Strafen sind „Rechtsansprüche Gottes" gegen sog. „Kapitalverbrechen", die ausschließlich im Interesse der Allgemeinheit erfolgen: Schutz des Eigentums, öffentliche Sicherheit und öffentliche Moral. Vgl. de.wikipedia.org/wiki/Hadd-Strafe (letzter Zugriff 1.3.2015)

1. Tötung; 2. Kreuzigung; 3. Abschneiden zuerst der rechten Hand und dann des linken Fußes; 4. Verbannung.
Art. 191 - Die Auswahl aus diesen vier Strafen liegt im Ermessen des Richters, sowohl wenn der Kämpfer gegen Gott eine Person getötet, verletzt oder beraubt hat als auch, wenn er nichts davon getan hat.
Art. 195 - Die Kreuzigung des Kämpfers gegen Gott und Verderbenstifters auf Erden wird folgendermaßen ausgeführt:
a) die Art des Anbindens darf nicht um Tode führen;
b) der Täter bleibt nicht länger als drei Tage am Kreuz hängen. Stirbt er während der drei Tage, kann man ihn abnehmen;
c) lebt der Täter nach den drei Tagen noch, so darf man ihn nicht töten.

Die Hadd-Strafe für **Diebstahl**
Art. 201 - Die hadd-Strafe ist, wie im folgenden erläutert:
a) beim erstenmal Abschneiden von vier Fingern der rechten Hand des Diebes von ihrem Ansatz an, so daß ihm sechs Finger und die Handfläche verbleiben;
b) beim zweitenmal Abschneiden des linken Fußes des Diebes und zwar von unten her am Fußrist, so daß der halbe Fuß und ein Teil des Fußballens übrig bleiben;
c) beim drittenmal lebenslange Gefängnisstrafe;
d) beim viertenmal, wenn der Dieb auch im Gefängnis noch stiehlt, die Todesstrafe.

Art. 209 - Tötet ein muslimischer Mann vorsätzlich eine muslimische Frau, so wird er zu **Vergeltung** verurteilt. Der Bluträcher der Frau muß jedoch vor der Vollstreckung der Vergeltung an dem Täter diesem das halbe Blutgeld für einen Mann zahlen.
Die Voraussetzungen für die Vergeltung
Art. 219 - Wer zu Vergeltung verurteilt wird, kann nur mit Erlaubnis des Bluträchers getötet werden. Wird er ohne Erlaubnis des Bluträchers getötet, so begeht der Täter eine Tötung, die Vergeltung nach sich zieht.
Art. 220 - An dem Vater oder Großvater väterlicherseits, der seinen Abkömmling tötet, wird keine Vergeltung geübt, er wird nur

zur Zahlung des Blutgeldes für die Tötung an die Erben des Getöteten und zu einer ta'zir-Strafe[225] verurteilt.

Art und Weise der Vollstreckung der Vergeltung
Art. 257 - Eine **vorsätzliche Tötung** zieht Vergeltung nach sich, jedoch kann sie mit Zustimmung des Bluträchers und des Täters in den Betrag des vollen Blutgeldes oder weniger oder mehr umgewandelt werden.
Art. 263 - Die Vergeltung wird mit einem geeigneten Instrument vollstreckt. Ein stumpfes Instrument, das dem Täter Qualen bereitet, ist nicht zulässig; dergleichen stellt eine Straftat dar.

Das sind also die schariagemäßen und islamisch-„menschenrechtlichen" Vorstellungen, wie der „islamische Friede" herzustellen und zu bewahren sei. Man sollte es eher als „Friedhofsruhe" bezeichnen.

„Die Todesstrafe verstößt gegen das Recht auf Leben und ist deshalb unmoralisch; und wenn wir überzeugt sind, dass Folter und unmenschliche Behandlung absolut verboten sind, dann sollte auch die Hinrichtung als äußerste und als schlechthin unwiderrufliche Form der Strafe verboten sein."[226]

---

[225] Tazir-Strafen sind nicht in der Scharia festgelegt, sondern liegen im Ermessen des Richters: Gefängnisstrafe, Geldstrafe oder Auspeitschung (jedoch unterhalb der Hadd-Strafen)

[226] Clapham, Andrew: *Menschenrechte*: S. 197

Artikel 4 (AEMR)
Niemand darf in Sklaverei oder Leibeigenschaft gehalten werden; Sklaverei und Sklavenhandel sind in all ihren Formen verboten.

Sklaverei - Leibeigenschaft

Nachdem schon im Alten Testament die Sklaverei als „natürliche“ wie gottgewollte Daseinsform betrachtet wurde, war folglich auch im Neuen Testament und im Koran die „vollkommene“ Menschenwürde natürlich nur den eigenen frommen wie natürlich männlichen Rechtgläubigen vorbehalten.

Gleich nach dem vielgepriesenen Dekalog wurden im 2. Buch Mose die angeblich von Jahwe erlassenen Rechtsvorschriften für die hebräischen Sklaven verkündet:

> „Das sind die Rechtsvorschriften, die du ihnen vorlegen sollst:
> Wenn du einen hebräischen Sklaven kaufst, soll er sechs Jahre Sklave bleiben, im siebten Jahr soll er ohne Entgelt als freier Mann entlassen werden.
> Ist er allein gekommen, soll er allein gehen. War er verheiratet, soll seine Frau mitgehen.
> Hat ihm sein Herr eine Frau gegeben und hat sie ihm Söhne oder Töchter geboren, dann gehören Frau und Kinder ihrem Herrn und er muss allein gehen.
> Erklärt aber der Sklave: Ich liebe meinen Herrn, meine Frau und meine Kinder und will nicht als freier Mann fortgehen,
> dann soll ihn sein Herr vor Gott bringen, er soll ihn an die Tür oder an den Torpfosten bringen und ihm das Ohr mit einem Pfriem durchbohren; dann bleibt er für immer sein Sklave.
> Wenn einer seine Tochter als Sklavin verkauft hat, soll sie nicht wie andere Sklaven entlassen werden.
> Hat ihr Herr sie für sich selbst bestimmt, mag er sie aber nicht mehr, dann soll er sie zurückkaufen lassen. Er hat nicht das Recht, sie an Fremde zu verkaufen, da er seine Zusage nicht eingehalten hat.
> Hat er sie für seinen Sohn bestimmt, verfahre er mit ihr nach dem Recht, das für Töchter gilt.

> Nimmt er sich noch eine andere Frau, darf er sie in Nahrung, Kleidung und Beischlaf nicht benachteiligen.
> Wenn er ihr diese drei Dinge nicht gewährt, darf sie unentgeltlich, ohne Bezahlung, gehen." (Ex 21,1-11)

Die Kinder des Sklaven gehören also seinem Herrn, ein gemeinsames Familienleben mit seinen Kindern musste der Sklave durch seine lebenslange Versklavung erkaufen. Sogar die eigene Tochter durfte als Sklavin verkauft werden und sollte es lebenslang bleiben, was auch das Schicksal jener Sklaven war, die von anderen Völkern gekauft und offenbar auch „mit Gewalt" beherrscht werden durften:

> „Die Sklaven und Sklavinnen, die euch gehören sollen, kauft von den Völkern, die rings um euch wohnen; von ihnen könnt ihr Sklaven und Sklavinnen erwerben.
> Auch von den Kindern der Halbbürger, die bei euch leben, aus ihren Sippen, die mit euch leben, von den Kindern, die sie in eurem Land gezeugt haben, könnt ihr Sklaven erwerben. Sie sollen euer Eigentum sein
> und ihr dürft sie euren Söhnen vererben, damit diese sie als dauerndes Eigentum besitzen; ihr sollt sie als Sklaven haben. Aber was eure Brüder, die Israeliten, angeht, so soll keiner über den andern mit Gewalt herrschen." (Lev 25,44-46)

Vom Sklavendasein kann man sich anhand folgenden Bibelstellen ein Bild machen:

> „Futter, Stock und Last für den Esel,/Brot, Schläge und Arbeit für den Sklaven!" (Sir 33,25)
> „Joch und Strick beugen den Nacken,/dem schlechten Sklaven gehören Block und Folter." (Sir 33,27)
> „Befiehl ihn zur Arbeit, wie es ihm gebührt;/gehorcht er nicht, leg ihn in schwere Ketten! Aber gegen keinen sei maßlos/und tu nichts ohne gutes Recht!
> Hast du nur einen einzigen Sklaven,/halt ihn wie dich selbst;/ denn wie dich selbst hast du ihn nötig. Hast du nur einen einzi-

gen Sklaven,/betrachte ihn als Bruder,/wüte nicht gegen dein eigenes Blut!
Behandelst du ihn schlecht/und er läuft weg und ist verschwunden,/
wie willst du ihn wieder finden?" (Sir 33,30-33)

Da zumindest die Arbeitskraft der Sklaven – im Gegensatz zu ihrer Menschenwürde und ihrem Preis – doch für wertvoll gehalten wurde, lag eine gute Behandlung naturgemäß im Eigeninteresse eines jeden Sklavenhalters, wenn er diese möglichst effizient ausbeuten wollte. Sollten die Schläge doch einmal das Maß überschritten haben, dann traten folgende Bestimmungen in Kraft, wobei man sich fragen kann, was sich am Tatbestand des Totschlags oder dem des „eigenen Geldes" nächsten Tages ändern sollte.

„Wenn einer seinen Sklaven oder seine Sklavin mit dem Stock so schlägt, dass er unter seiner Hand stirbt, dann muss der Sklave gerächt werden.
Wenn er noch einen oder zwei Tage am Leben bleibt, dann soll den Täter keine Rache treffen; es geht ja um sein eigenes Geld."
(Ex 21,20-21)

Dass nun die Abschaffung der Sklaverei christlichen oder gar islamischen Ursprungs wäre, davon hat die Menschheit bis weit in die Neuzeit allerdings nichts bemerken können. Die Sklavenhalter haben und können sich noch immer auf Bibel oder Koran berufen, wo die Sklaverei in der Vorsehung Gottes ganz selbstverständlich verankert ist. Bis ins 19. Jahrhundert haben sich etwa in Amerika die Sklavenhalter zur Durchsetzung ihrer Ansprüche gerne auf die Bibel berufen und man muss kaum Zweifel hegen, dass manch radikal-evangelikaler Rassist dies bei Gelegenheit auch heute wieder tun würde. Nun wird in diesem Zusammenhang von christlicher Seite als

Hinweis auf die biblische Genese der Menschenrechte immer wieder gerne Kirchengründer Paulus zitiert[227]:

> „Es gibt nicht mehr Juden und Griechen, nicht Sklaven und Freie, nicht Mann und Frau; denn ihr alle seid «einer» in Christus Jesus." (Gal 3, 28).

Dies stellt allerdings nicht die gesellschaftliche Ungleichheit an sich in Frage, sondern ist lediglich dem allumfassenden Paulinischen Missionseifer geschuldet, der ausschließlich eine Gleichheit im Glauben meinte.[228] Sein Weltbild blieb antiegalitär: ebenso wie er an der Ungleichheit der Geschlechter festgehalten hat, war ihm auch die Sklaverei ein gottgegebenes Schicksal, dem sich zu unterwerfen sei.

> „Jeder soll in dem Stand bleiben, in dem ihn der Ruf Gottes getroffen hat. Wenn du als Sklave berufen wurdest, soll dich das nicht bedrücken; auch wenn du frei werden kannst, lebe lieber als Sklave weiter." (1 Kor 7, 20-22);

Auch im 1. Petrusbrief 2,18-20 (der auch als Fälschung gilt) gibt es fromme Ratschläge für die irdischen Leiden eines Sklaven, welche dann auch noch als Gnade Gottes verkauft werden:

> „Ihr Sklaven, ordnet euch in aller Ehrfurcht euren Herren unter, nicht nur den guten und freundlichen, sondern auch den launenhaften.
> Denn es ist eine Gnade, wenn jemand deswegen Kränkungen erträgt und zu Unrecht leidet, weil er sich in seinem Gewissen nach Gott richtet.
> Ist es vielleicht etwas Besonderes, wenn ihr wegen einer Verfehlung Schläge erduldet? Wenn ihr aber recht handelt und trotzdem Leiden erduldet, das ist eine Gnade in den Augen Gottes."

---

[227] Vgl. Hilpert, Konrad: *Menschenrechte oder Gottes Gebote? Zwischen christlicher Genese und säkularer Geltung* in: Ziebertz: S. 54

[228] „Wenn also jemand in Christus ist, dann ist er eine neue Schöpfung: Das Alte ist vergangen, Neues ist geworden." (2 Kor, 5,17)

Auch der ewiggültige Koran hält die Sklaverei für ein selbstverständliches und gottgewolltes Schicksal und schreibt somit ebenso die Minderwertigkeit und den Warencharakter dieser Menschen ein für alle Mal fest. Da für den Islam ja bekanntermaßen gilt, was Abraham und den Propheten angeblich übermittelt wurde[229], hielt es auch Mohammed offensichtlich nicht für notwendig, die orientalischen Gebräuche zu ändern oder die Sklaverei gar abzuschaffen. „Der Prophet selbst verfügte zeitweise über mindestens neunundfünfzig Sklaven - neben achtunddreißig männlichen und weiblichen Dienern. [...] Sklavenhaltung, Tribut und Beute wurden die wichtigsten Einkommensquellen der neuen arabischen Aristokratie..."[230] Immerhin hat auch Mohammed die Muslime nach biblischem Vorbild praktischerweise angewiesen, ihre Sklaven wenigstens gut zu behandeln.

> „[...] und seid gütig gegen Eltern, Verwandte, Waisen, Arme, [...] und zu euren Sklaven." (4,37)

Dass sich neben den weiblichen selbstredend auch die männlichen Sklaven ihre Partner nicht aussuchen konnten und nebenbei auch „redlich" und „rechtschaffen" sein mussten, ließ Allah wie folgt verkünden:

> „Verheiratet die Ledigen unter euch, ebenso eure redlichen Knechte und Mägde, [...]." (4,33).

Und es darf wohl bezweifelt werden, ob die Wünsche der Sklaven und damit die folgenden Anweisungen Allahs daher allzu oft umgesetzt wurden:

> „Denjenigen von euren Sklaven, welche einen Freischein (Freilassung) wünschen, schreibt einen solchen, wenn ihr sie als recht-

---

[229] Siehe S. 40, 2,137 bzw. 3,85

[230] Swarup, Ram: *Understanding Islam through Hadis*, Dehli. (Voice of India) *id.* 1994: *Women and Islam. Dehli* (Voice of India) in: Gopal: S.223

schaffen kennt, und gebt ihnen von dem Reichtum Allahs, welchen er euch geschenkt hat. Zwingt auch eure Sklavinnen, wenn sie ehrbar und keusch sein wollen, nicht zur Hurerei, der zufälligen Güter des irdischen Lebens wegen. Wenn sie aber dennoch jemand dazu zwingt, so wird ihnen Allah, nachdem sie gezwungen wurden, versöhnend und barmherzig sein." (4,34)

Was die offenbar nicht ganz verbotene Zwangsprostitution betrifft, so kann sich der dazu zwingende „Jemand" - natürlich weil männlich und „bevorzugt" - an der großzügigen Versöhnung und Barmherzigkeit Allahs für seine Straffreiheit erfreuen, während nicht ganz einsichtig ist, warum auch noch das Opfer dieser bedarf; anscheinend auch eine Form islamischer „Geschlechtergerechtigkeit".

Auch für Bußzwecke hatte der Sklave („Gefangene") - natürlich nicht die Sklavin - mitunter Chancen, seinem Schicksal zu entkommen:

> „Allah wird euch nicht wegen eines unbedachten Wortes in eueren Eiden strafen; wohl aber wird er euch für das, was ihr mit Vorbedacht in euren Eiden aussagt (und wozu ihr euch eidlich verpflichtet), zur Rechenschaft ziehen. Die Sühne eines solchen Eides besteht [...] oder in der Auslösung eines Gefangenen." (5,90)
> „Diejenigen, welche sich von ihren Frauen trennen mit der Erklärung; dass sie dieselben wie den Rücken ihrer Mutter betrachten wollen[231], später aber das, was sie aussprachen, wieder zurücknehmen möchten, die sollen, ehe sie die Frauen wieder berühren, einen Gefangenen befreien." (58,4)
> Siehe auch 2,179, S. 128 und 4,93-94, S. 129

Was die angeblich in Bibel und Koran behauptete, allumfassende Menschenwürde betrifft, so ist auch noch erwähnenswert, dass Sklaven sowohl gegen Tiere als auch Waren gehan-

---

[231] Dies ist die muslimische Verstoßungsformel, natürlich nur für den Mann, die bei dreimaliger Wiederholung die Scheidung besiegelt.

delt wurden und ihr Preis unter dem von Pferden oder hochwertigen Hunden lag.[232]

Der Kampf gegen die Sklaverei, gegen die besonders wieder im 19. Jahrhundert zahlreiche Anstrengungen unternommen wurden, kann vielleicht als Beginn der Menschenrechtsbewegung gelten.[233] Jedoch kam es bereits im 16. Jahrhundert vor allem im Zuge der spanischen Kolonialisierung Südamerikas zu einer fundamentalen Kritik durch einzelne Theologen an der Rechtmäßigkeit der Vorgangsweise der Konquistadoren. Besonders der Dominikanerbischof Bartolomé de las Casas (1484-1566), der in das System der Ausbeutung und Ermordung der Indianer als Betreiber einträglicher Gruben und Plantagen zunächst selbst involviert war, stellte bei seinem späteren Kampf gegen Zwangsarbeit und Völkermord die Rechtfertigungen der spanischen Hofjuristen und damit die Legitimität der kolonialen Inbesitznahme Amerikas überhaupt in Frage.[234] Noch heute wird von manchen spanischen Historikern bestritten, dass sein *Kurzgefaßter Bericht von der Verwüstung der Westindischen Länder* tatsächlich von wahren Begebenheiten berichte.[235] Obwohl Las Casas natürlich auch auf das christliche Liebesgebot verwies, kam er aber auch schon zu der Erkenntnis, „dass die Rechte auch jenseits der Grenzen von Christen und Nichtchristen erkannt werden könnten“[236], also eine frühe säkulare Begründung, die sich damit schon auf eine allgemein-vernunftmäßige Erkenntnisfähigkeit ethischer Grundsätze durch alle Menschen und ein von Natur aus gegebenes Sittengesetz berief.

Es ist aber leider bezeichnend, wenn bis heute gerade in jenen Staaten, in denen sich Menschen oft auf Grund mangelnder Bildung oder auch einer religiös bedingten Konditionie-

---

[232] Vgl. Gopal: S. 233

[233] Vgl. Clapham: S. 43

[234] Vgl. Hilpert in: Ziebertz: S. 50

[235] Vgl. Enzensberger, Hans Magnus in: enzensberger.germlit.rwth-aachen.de/lascasas.html (letzter Zugriff 1.3.2015)

[236] Hilpert in: Ziebertz: S. 51

rung sich zur Unterwerfung unter ein angeblich gottgewolltes Schicksal zwingen und auch noch immer auf ein besseres Jenseits vertrösten lassen, und dass dort auch sklavenähnliche Arbeitsverhältnisse weit verbreitet sind, aber strafrechtlich kaum geahndet werden. Natürlich tritt die Leibeigenschaft heute in neuem Gewand auf und blüht im verborgenen Dunkel meist urbaner Anonymität. Weltweit werden die Opferzahlen auf ca. 21 Millionen Menschen geschätzt. Die verschiedenen Formen dieser modernen Sklaverei (Menschenhandel zum Zweck der Prostitution oder Organentnahme, Zwangs- und Kinderarbeit) werden aber auch mitten in Europa[237] und in vielen anderen vermeintlich zivilisierten Staaten noch immer praktiziert:

> Laut dem weltweiten Uno-Report über Menschenhandel aus dem Jahr 2012 sind die Opfer der modernen Sklaverei großteils weiblich:
> 55 bis 60 Prozent sind erwachsene Frauen. Frauen und Mädchen zusammen machen 75 Prozent der Betroffenen aus.
> 27 Prozent der Opfer sind Kinder.
> Die Händler wiederum sind großteils Männer, aber der Anteil von Frauen ist höher als bei anderen Straftaten.
> 58 Prozent aller Fälle von Menschenhandel finden zu sexuellen Ausbeutungszwecken statt.
> 36 Prozent werden als Zwangsarbeiter gehandelt. Dieser Anteil hat sich seit 2008 verdoppelt.
> Nur 1,5 Prozent werden gehandelt, um woanders zu betteln.
> Menschenhandel zum Zweck des Organraubs findet in 16 Staaten statt.
> Die Opfer stammten aus 136 Staaten. Sie wurden in 118 Staaten aufgefunden.
> 27 Prozent wurden innerhalb ihres Heimatstaates gehandelt.[238]

---

[237] Geschätzte Opferzahl 880.000; davon wurden laut Eurostat zwischen 2008 und 2011 europaweit lediglich 23.000 als Opfer identifiziert. (Vgl. Brickner, Irene: *Vielfach unerkannte moderne Sklaverei* in: Der Standard, 21.10.2013

[238] Vgl. Herrnböck, Julia: *„Personell und finanziell sind uns die Händler überlegen"* Interview mit Marius Wanders in: Der Standard, 21.10.2013

Die Sklaverei mag zwar kulturelle, außerreligiöse Wurzeln aus archaischer Vorzeit haben, jedoch haben die Autoren von Bibel und Koran auch diese angeblich gottgewollte und menschenverachtende Praxis „heiliggesprochen" und damit für alle Zeiten als immer mögliche Rechtfertigung für radikale Exegeten festgeschrieben.

Dass in einem Bericht der US-Regierung 2010 über den weltweiten Menschenhandel die islamischen Staaten in allen Kategorien am schlechtesten abschneiden, ist leider eine bedauernswerte Tatsache. Zahlreiche konservativ-islamische Gesellschaften betreiben noch immer Menschenhandel[239] und scheinen somit auch hier offensichtlich dem Vorbild ihres Propheten als nachahmenswertem Beispiel nachzueifern und betrachten - nach wie vor aufklärungsresistent - das „goldene Zeitalter" der ersten vier „Rechtgeleiteten Kalifen" des 7. Jahrhunderts noch immer für einen erstrebenswerten Zustand. Und obwohl auch Saudi-Arabien 1963 als letztes islamisches Land die Sklaverei offiziell abgeschafft hat, existiert sie aber nicht nur dort auch weiterhin.[240]

Dies alles zeigt auch hier wieder einmal mehr, wie wichtig und notwendig eine weltweite Verankerung und auch effektive Durchsetzung der Menschenrechte wäre und damit auch die tatsächliche Verwirklichung der Menschenwürde jenseits aller religiösen oder anderer totalitär-ideologischen Zwangsbeglückungen.

---

239 Vgl.UN-*Bericht über Menschenhandel: Islamische Länder ganz vorne* in: http://europenews.dk/de/node/33118 (letzter Zugriff 12.3.2015)

240 Vgl. *Menschenhandel – Sklaverei im Islam existiert weiter* in: http:// europenews. dk/de/node/12084 (letzter Zugriff 12.3.2015)

Artikel 5
Niemand darf der Folter oder grausamer, unmenschlicher oder erniedrigender Behandlung oder Strafe unterworfen werden.

Dass ebenso die Folter in zahlreichen, auch als „zivilisiert" geltenden Staaten bis heute noch Anwendung findet, ist ein ebenso trauriges Vermächtnis aus archaischer Zeit. Auch die Kirche hat sich durch Jahrhunderte dieser sadistisch-grausamen Methoden bedient und lässt die Behauptung einer biblisch-christlichen Begründung der Menschenwürde und desgleichen ihre angeblich zentrale Botschaft der Nächstenliebe auch hier in einem fragwürdigen Licht erscheinen. Besonders die alttestamentarischen Todesstrafen der Steinigung oder des Verbrennens bedeuteten natürlich immer auch gleichzeitig schlimmste Folterqualen.

Auch die biblische Selbstverständlichkeit der gewalttätigen Kindererziehung, die bis heute ihren Einfluss nicht gänzlich verloren zu haben scheint, macht das 4. Gebot (FN 219, S. 121) zur Folter- und Todesdrohung:

> „Wenn ein Mann einen störrischen und widerspenstigen Sohn hat, der nicht auf die Stimme seines Vaters und seiner Mutter hört, und wenn sie ihn züchtigen und er trotzdem nicht auf sie hört,
> dann sollen Vater und Mutter ihn packen, vor die Ältesten der Stadt und die Torversammlung des Ortes führen
> und zu den Ältesten der Stadt sagen: Unser Sohn hier ist störrisch und widerspenstig, er hört nicht auf unsere Stimme, er ist ein Verschwender und Trinker.
> Dann sollen alle Männer der Stadt ihn steinigen und er soll sterben." (Dtn 21,18-21)

Die folgenden Sprüche, die eine gewaltfreie Erziehung wie auch deren Folgen für „dumm" halten, sind uns zumeist sattsam bekannt, werden aber auch heute noch immer wieder dann zitiert, wenn nicht nur religiöse Fundamentalisten solch archaische Erziehungsmethoden rechtfertigen wollen, um ihre „Weisheiten" durchzusetzen:

> „Wen der Herr liebt, den züchtigt er,/wie ein Vater seinen Sohn, den er gern hat." (Spr 3,12)
> „Wer Zucht liebt, liebt Erkenntnis,/wer Zurechtweisung hasst, ist dumm." (Spr 12,1)
> Wer die Rute spart, hasst seinen Sohn,/wer ihn liebt, nimmt ihn früh in Zucht. (Spr 13,24)
> Züchtige deinen Sohn, solange noch Hoffnung ist,/doch lass dich nicht hinreißen, ihn zu töten. (Spr 19,18)
> „Für die Zuchtlosen stehen Ruten bereit und Schläge für den Rücken der Toren." (Spr 19,29)
> Steckt Torheit im Herzen des Knaben,/die Rute der Zucht vertreibt sie daraus. (Spr 22,15)
> Erspar dem Knaben die Züchtigung nicht;/wenn du ihn schlägst mit dem Stock, wird er nicht sterben. (Spr 23,13)
> Rute und Rüge verleihen Weisheit,/ein zügelloser Knabe macht seiner Mutter Schande. (Spr 29,15)
> Züchtige deinen Sohn, so wird er dir Verdruss ersparen/und deinem Herzen Freude machen. (Spr 29,17)
> „Hat mein Vater euch ein schweres Joch aufgebürdet, so werde ich es noch schwerer machen. Mein Vater hat euch mit Peitschen gezüchtigt, ich werde euch mit Skorpionen züchtigen."
> (2 Chr 10,11 und wortgleich 1 Kön 12,11)

Bereits im vorigen Kapitel wurden zur Disziplinierung der Sklaven „Joch und Strick", „Block und Folter" (Sir 33,27, S.134) oder „schwere Ketten" (Sir 33,30, S. 134) erwähnt, welche Mittel sicher nicht nur auf die Sklavenhaltung beschränkt waren. Auch wenn die Verfasser der Bibel wohl nur einen Teil der damals üblichen Foltermethoden festgehalten haben, so darf doch angenommen werden, dass ihnen beispielsweise wohl auch die folgend angeführten Praktiken ihrer griechischen Zeitgenossen nicht unbekannt waren. Zur Illustration hat uns der Dichter Aristophanes (ca. 450-380 v.u.Z.) in seiner Komödie *Die Frösche* einen Teil dieses zeitgenössischen „Brauchtums" überliefert:

"Wie soll ich ihn foltern?"
"Warum fragst du? Nimm alles! Die Streckbank, das Rad, die Peitsche..., häute ihn lebendig..., Essig in die Nase..., Steine auf seine Brust...! Hänge ihn an den Daumen auf... was du willst!"

Man darf die folgenden Höllenfantasien, die natürlich kein Gott, sondern wie immer religiös-pathologische Eiferer nicht nur der zeitüblichen Praxis entlehnt, sondern sich auch noch zusätzlich erdacht haben, durchaus auch als Realisierungspotential für irdische Foltermethoden betrachten, die vor allem das Feuer auch als irdische Strafe gerechtfertigt haben. Während im Alten Testament die Hölle („Scheol") noch kein Ort ewigen Feuers war, wurde sie dafür im Neuen Testament als stereotype Drohbotschaft für Unglauben und Sünde nach altpersischem und altägyptischem Vorbild wieder neu „eröffnet" und dann auch im Koran mit sadistischer Fantasie beschrieben. Das Hauptmerkmal dieser Einrichtung sind die ewigen Feuerqualen, die all jene erleiden sollen, die allerdings die Vorsehung des allbarmherzigen, christlichen wie islamischen Gottes dazu bestimmt habe:

„Wenn die tausend Jahre vollendet sind, wird der Satan aus seinem Gefängnis freigelassen werden.
Er wird ausziehen, um die Völker an den vier Ecken der Erde, den Gog und den Magog, zu verführen und sie zusammenzuholen für den Kampf; sie sind so zahlreich wie die Sandkörner am Meer.
Sie schwärmten aus über die weite Erde und umzingelten das Lager der Heiligen und Gottes geliebte Stadt. Aber Feuer fiel vom Himmel und verzehrte sie.
Und der Teufel, ihr Verführer, wurde in den See von brennendem Schwefel geworfen, wo auch das Tier und der falsche Prophet sind. Tag und Nacht werden sie gequält, in alle Ewigkeit."
(Offb 20,7-10)
„Aber die Feiglinge und Treulosen, die Befleckten, die Mörder und Unzüchtigen, die Zauberer, Götzendiener und alle Lügner - ihr Los wird der See von brennendem Schwefel sein. Dies ist der zweite Tod." (Offb 21,8)

Im Koran wollte Allah offenbar noch genauere Beschreibungen von seiner Hölle preisgeben (auch hier in der von der verwendeten Koranübersetzung angegebenen zeitlichen Reihenfolge ihrer Offenbarungen, um die Entwicklung der Fantasie Mohammeds darzustellen):

> „Die Hölle aber bleibt ein Hinterhalt
> zur Aufnahme der Frevler,
> und sie sollen darin auf ewige Zeit bleiben,
> und es labt sie keine Erfrischung und kein anderer Trunk
> als siedend heißes Wasser und stinkende Fäulnis." (78,22-26)
> „Die Übeltäter aber sollen einen schlimmen Aufenthalt haben,
> nämlich die Hölle, in welcher sie brennen sollen. [...]!
> Stinkendes, heißes Wasser
> und noch anderes mehr der Art sollen sie kosten." (38,56-59)
> „Die, welche unsere Schrift (den Koran) und das, was wir den früheren Gesandten offenbarten, des Betruges beschuldigen, wissen ... (werden einst ihre Torheit einsehen),
> wenn Ketten um ihre Hälse gelegt und sie an diesen
> in siedendes Wasser hinabgezogen werden und dann im Feuer brennen." (40,71-73)
> „[...], denen, welche siedend heißes Wasser trinken müssen, so daß ihnen die Eingeweide bersten?" (47,16)
> „Für die Ungläubigen sind Kleider aus Feuer bereitet, und siedendes Wasser soll über ihre Häupter gegossen werden,
> wodurch sich ihre Eingeweide und ihre Haut auflösen.
> Geschlagen sollen sie werden mit eisernen Keulen." (22,20-22)

Die kirchliche Inquisition hat bekanntermaßen jahrhundertelang neben dem exzessiven Gebrauch des Scheiterhaufens auch alle anderen mittelalterlichen Praktiken der Folter angewandt, die in fundamental-islamischen Gottesstaaten teilweise noch heute praktiziert werden. Es sollen nun – natürlich ohne Anspruch auf Vollständigkeit – vor allem noch die Strafen für jene Vergehen angeführt werden, mit denen im mittelalterlich-christlichen Europa auch religiös-moralische Ansprüche verbunden wurden:

Rosenkranz tragen	(mit einem Gewicht von ca. 10 Kilogramm): Unregelmäßiger Besuch der Messe
Prügelstrafen:	Gotteslästerung, Ehebruch
Auspeitschung :	Hurerei, Diebstahl, Trunkenheit
Brandmarken:	Ketzerei, Diebstahl, Verleumdung
Verstümmelung	(Abtrennen von Ohren, Lippen oder Nase): Sittlichkeitsvergehen, Leichter Diebstahl
Zunge abschneiden:	Gotteslästerung, Ketzerei
Abtrennen von Körperteilen (Hände, Arme, Fuße, Beine):	Meineid, schwerer Diebstahl,
Scheiterhaufen:	Ketzerei, Hexerei
Erhängen:	Ketzerei, Hochverrat, Mord, Raub[241]

Dass für Häresie, Unzucht oder sogar Totschlag auch die Strafe einer „Klosterhaft" verhängt werden konnte, lässt allerdings vermuten, dass diese Strafe nur höheren Herrschaften vorbehalten war.

Die vielen Übereinstimmungen mit den Strafgesetzen der islamischen Scharia sind natürlich nicht zu übersehen und es sei auch hier noch einmal auf die Strafgesetze der Islamischen Republik Iran verwiesen (130 ff.). Ebenso steht natürlich die Beschneidung diesem Menschenrechtsartikel entgegen. Dass im christlich-mittelalterlichen Europa die Kreuzigung aus Pietät nicht angewendet wurde, ist verständlich, nachdem schon die Apostel für ihren eigenen Märtyrertod diese Todesart abgelehnt haben. Die islamische Rechtsprechung nimmt naturgemäß darauf keine Rücksicht. Jesus wird zwar als Prophet anerkannt, jedoch werden seine Kreuzigung und überhaupt sein Tod, so wie auch seine Göttlichkeit in Abrede gestellt:

> „Auch weil sie gesagt haben: «Wir haben den Messias, den Jesus, getötet. Sohn Marias, den Gesandten Allahs, getötet.» Sie haben ihn aber nicht getötet und nicht gekreuzigt, sondern einen anderen, der ihm ähnlich war. In der Tat sind die verschiedenen An-

---

241 http://www.supplicium-malum.de/html/die_folter.html (letzter Zugriff 1.3.2015)

sichten hierin nur Zweifel, weil sie keine bestimmte Kenntnis haben. Sondern nur vorgefaßten Vermutungen folgen.
Sie haben ihn aber nicht wirklich getötet, sondern Allah hat ihn zu sich erhoben; denn Allah ist allmächtig und allweise."
(4,158-159)

Dass nun Jesus, wenn also überhaupt, auch nicht an einem Kreuz, sondern an einem Pfahl gestorben sei, belegen zumindest die griechischen Originale, in denen das Wort „stauros"[242] (senkrecht stehender Pfahl) oder auch „xylon"[243] (Holz, Baum) und nicht „xiasma", das griechische Wort für Kreuz verwendet wird.[244] Auch die schariagemäße Kreuzigung wurde aus archaischer Zeit in den Islam übernommen und wird auch heute in fundamentalistischen Gottesstaaten wie etwa Saudi-Arabien noch immer vollstreckt und die Überlieferung berichtet, dass Aisha, die Lieblingsfrau des Propheten, dieser Form der Bestrafung besonders gerne beigewohnt haben soll.

Noch immer wird weltweit in etwa 90 % aller Länder gefoltert, meist um Geständnisse für eine Verurteilung vor Gericht zu erzwingen. In ihrem Jahresbericht 2013 hat Amnesty International in 112 von 159 untersuchten Staaten Folter und Misshandlung dokumentiert.[245] Die modernen Foltermethoden umfassen vor allem Schläge, Schlaf- oder Nahrungsentzug, Verbrennungen, Vergewaltigungen, Zwangsernährung, Elektroschocks oder simuliertes Ertränken – das berüchtigte „Wa-

---

242 Mt 27,40; Joh 19,17; Anm.: in den Bibeln, gewollt oder ungewollt, als „Kreuz" übersetzt. Vielleicht wollte man aber auch mit diesem alten heidnischen Symbol die Bekehrung zum Christentum als Summe aller vorangegangenen Religionen fördern.

243 „Der Gott unserer Väter hat Jesus auferweckt, den ihr ans Holz gehängt und ermordet habt." (Apg 5,30) „Er hat unsere Sünden mit seinem Leib auf das Holz des Kreuzes getragen, damit wir tot seien für die Sünden und für die Gerechtigkeit leben. Durch seine Wunden seid ihr geheilt." (1 Petr 2,24)

244 Hillebrand, Uwe: *Warum glaubst du noch?*: S. 83 f.

245 http://www.faz.net/aktuell/politik/ausland/jahresbericht-amnesty-prangert-folter-und-misshandlung-in-112-staaten-an-12192023.html (letzter Zugriff 1.3.2015)

terboarding". In Diktaturen werden Foltermethoden gegen Regimekritiker eingesetzt, in jenen der islamischen Gottesstaaten zusätzlich noch gegen alle, die sich gegen das religiöse Diktat der hohen Ulama stellen. Die schariagemäße Strafgesetzgebung mit ihren menschenrechtlichen Defiziten ist noch immer in vielen konservativ-muslimischen Ländern der reale, „der wahre Islam". Daher hier noch abschließend der Zeugenbericht einer Steinigung in der iranischen Stadt Abadan, die barbarisch-sadistische Kombination von Folter und Todesstrafe:[246]

> "Eines Tages musste ich mit meiner Schulklasse ins Stadion kommen. Es sollte eine Steinigung vollzogen werden, bei der wir zuschauen mussten. Wir saßen auf den Tribünen und warteten. Sandwich-Verkäufer gingen durch die Reihen und boten ihre Waren an. Dann endlich wurde ein Mädchen ins Stadion geführt. Ich erschrak, denn ich erkannte dieses siebzehnjährige Mädchen. Sie wohnte in unserer Straße, und als Kinder hatten wir miteinander gespielt.
>
> Ein Mullah las ihr das Urteil vor: "Im Namen Allahs, des Barmherzigen, wirst du zum Tode verurteilt durch Steinigung." Sie wurde in ein Loch gestellt, das man in die Erde gegraben hatte. Dann schaufelte man dieses Loch bis zur Brusthöhe des Mädchens zu.[247]
>
> Auf den Tribünen johlte der Mob. Dann flogen die ersten Steine, die gezielt neben dem Mädchen auf den Boden fielen. Jedes Mal, wenn der Oberkörper des Mädchens zuckte, um einem Stein auszuweichen, begann das Johlen der jungen Männer von neuem. Es war wie bei einem Fußballspiel, wenn ein ganzes Stadion "Tor" schreit. Dann trafen die ersten Steine. Das ganze Spektakel zog sich hin, bis das Mädchen endlich tot war. Ich musste erbrechen.

---

246 http://www.igfm.de/themen/steinigung/augenzeugenberichte/steinigung-ein-zeugenbericht-aus-dem-iran/(letzter Zugriff 1.3.2015)
Dieser Zeugenbericht wurde im Jahr 2000 niedergeschrieben, die Steinigung wahrscheinlich 1992 vollstreckt.

247 Ein Mann wird nur bis zur Hüfte eingegraben. Schafft es der Verurteilte, sich aus der Erde zu befreien und den Kreis der Steinewerfer zu verlassen, so gilt dies als Gottesurteil und er darf weiterleben. Auch in diesen seltenen Fällen stehen die Chancen für eine Frau von vornherein praktisch auf Null.

> Einige Tage später war ich beim Friseur. Neben mir saß ein alter Mann und weinte. Ich fragte ihn: "Väterchen, warum weinen Sie?" "Meine Tochter ist tot, eben bekam ich vom Gericht die Papiere, dass meine Tochter, die Jungfrau, in der Nacht vor ihrem Tod mehrmals verehelicht wurde (heißt: gesetzlich korrekt mehrmals vergewaltigt).
> Muslime in unserem Land glauben, dass Jungfrauen, die blutig sterben, gleich ins Paradies eintreten und nicht ins Jüngste Gericht kommen. Weil man dieses Mädchen in der Nacht vor ihrem Tod mehrmals verehelicht hatte, starb sie nicht als Jungfrau und musste nun, nach dem Glauben ihres Vaters, aufs Jüngste Gericht warten.
> Ich war entsetzt über diese Art des gewaltsamen Todes und über die zynische Weise des Urteils, dass ein junges Mädchen im Namen Gottes des Barmherzigen gewaltsam auf furchtbare Weise getötet wurde, nachdem man sie in der Nacht vor ihrem Tod gesetzlich korrekt mehrmals vergewaltigt hatte. Aus diesem Grunde kann ich kein Muslim mehr sein."

Der Tatbestand: Das Mädchen hatte Flugblätter gegen das islamische Regime verteilt.

> „Nach der Scharia darf eine Jungfrau nicht hingerichtet werden. Um diese Regelung zu umgehen, "heiraten" Gefängniswärter junge Gefangene kurz vor ihrer Hinrichtung und vergewaltigen sie dann. Nicht selten fürchten die jungen Frauen diese Vergewaltigungen mehr als die Hinrichtung selbst."[248]

Da Jungfrauen angeblich direkt ins Paradies kämen, wollen dies die irdischen Vertreter des Allbarmherzigen natürlich mit religions- wie staatsrechtlich korrekten Mitteln auf jeden Fall verhindern. Im Iran gibt es die ausgesprochen praktische Einrichtung, eine Ehe auf Zeit zwischen einer halben Stunde und 99 Jahren einzugehen, was auch in verlogener Doppelmoral

---

248 http://www.initiative-gegen-die-todesstrafe.de/nc/smnav/blog/blog details/article/internationaler-frauentag-frauen-im-iran.html?cHash=1f3c 929f27&print=1 (letzter Zugriff 1.3.2015)

für die Prostitution - die es in einem frommen Gottesstaat selbstverständlich nicht geben darf - weidlich ausgenützt wird, um diese zu verschleiern und (schiitisch-)islamisch sittsam erscheinen zu lassen.

Es sollten daher all jene religiösen Aktivisten ganz besonders unser Misstrauen erwecken, die sich beständig auf ihre „Heiligen Bücher“ berufen und im Namen eines metaphysischen Wesens, dessen Willen zu kennen sie vorgeben, auch noch eine Deutungshoheit in menschenrechtlichen Fragen beanspruchen und begründen wollen. Gerade im menschenrechtlichen Diskurs dürfen Forderungen, die lediglich religiös oder anderweitig ideologisch-dogmatisch argumentiert werden, nicht mehrheitsfähig einsichtig und auch nicht säkular begründbar sind, keine Berücksichtigung finden.

Zur christlichen Menschenrechtsrhetorik

Nicht nur christliche Theologen handelten bis vor nicht allzu langer Zeit ausschließlich reaktiv, indem sie versuchten, ihren religiösen Ansprüchen gegenüber einer metaphysikfreien Ethik im Nachhinein Kompatibilität zu verleihen. Dass sie damit die Menschenrechte - wenn auch noch immer unter Vorbehalten - als solche anerkennen, ist dabei der erfreuliche Aspekt, auch wenn dieses Umdenken auf breiterer kirchlicher Basis erst der Erfahrung der Katastrophe des Zweiten Weltkrieges bedurfte, wo die unheilvolle Verflechtung der katholischen Kirche mit dem Faschismus (S. 115 ff.) auch noch dazu führte, dass der Vatikan während und auch noch nach dem Krieg unzähligen Kriegsverbrechern die Flucht über die südtirolisch-italienische „Klosterroute" (oder auch „Rattenlinie") ermöglichte, indem den Flüchtigen teils gefälschte Identitäten, neue Reisepässe und Visa besorgt wurden. Ein weiteres, bemerkenswertes Detail dabei war auch die „Entnazifizierung durch Taufe" (von Papst Pius XII. euphemistisch als „Seelenernte" bezeichnet), also überirdische Vergebung anstelle irdischer Gerechtigkeit. Die prominentesten dieser bisher bekannten „Wiedertäuflinge" waren Erich Priebke und Adolf Eichmann. Bis heute hält der Vatikan entsprechende Unterlagen unter Verschluss und auch das Diözesanarchiv Brixen verhindert den freien Zugang zu den Akten für die Zeit nach 1937 und damit eine weitere Aufklärung der damaligen Vorgänge. Das Kloster Brixen war nach der Flucht über die Alpen erste Anlaufstelle und Durchgangsstation der Flüchtigen, bevor sie über Rom oder Genua nach Übersee entkommen konnten.[249] Überflüssig zu erwähnen, dass neben zahllosen Nazi-Verbrechern natürlich auch der Katholik Pavelić mit hunderten anderen kroatischen Kriegsverbrechern mit kirchlicher Hilfe nach Südamerika entkommen konnte. Auch hier wurde die angeblich christlich begründete Menschenwürde in nahezu zyni-

---

[249] Vgl. Steinacher, Gerald: *Nazis auf der Flucht*: S. 157

scher Weise pervertiert, indem zwar den Massenmördern geholfen wurde, deren Opfer dem Vatikan aber nicht einmal einen verbalen Protest wert waren, wie auch im Falle der Gräueltaten der kroatischen Ustascha, die weltweit bekannt waren und gegen die sogar Nazi-Deutschland protestiert hatte.

Die schon aus religiöser Sicht blasphemische Hybris der Behauptung jüdischer wie christlicher (allerdings nicht islamischer[250]) Theologen, Gott habe den Menschen nach seinem Ebenbild[251] geschaffen, um damit den biblischen Ursprung der Würde des Menschen zu argumentieren, soll wohl in der üblich selektiven Lesart all jene Eigenschaften vergessen machen, mit denen eine bronzezeitliche Männergesellschaft gerade umgekehrt ihre anthropomorphe Projektionsfigur[252] nach ihrem patriarchalischen Wunschdenken geschaffen und in ihrer zur Heiligkeit erhobenen Bibel festgezurrt hat. Dass dabei immer nur die Menschenwürde der eigenen Glaubensbrüder - und nicht einmal jene ihrer Glaubensschwestern - gemeint war und auch allen Andersdenkenden die Menschenwürde vorenthalten wurde, zeigt schon ein oberflächlicher Blick in die Geschichte und die „Heiligen Bücher". Man wird auch vergeblich eine biblische (oder auch koranische) Stelle suchen, in der durch das „Heilshandeln Gottes" oder seine vermeintlichen „Offenbarungen" etwa die Ungleichstellung der Frau oder die Sklaverei in Frage gestellt werden.[253]

Und wenn auch immer wieder die behauptete moralische Bedeutung des Dekalogs beschworen wird, dann erklärt sich der Widerspruch zum Handeln des alttestamentarischen Gottes und seines sich „auserwählt" wähnenden und den angeblichen Befehlen Jahwes folgenden Volkes damit, dass diese Ge-

---

[250] Vgl. die Erschaffung des Menschen S. 15 f.

[251] Gen 2,20-23 bzw. Gen 1,26-27 (FN 139, S. 71 f.)

[252] Dawkins: S. 45 „[...] - die unangenehmste Gestalt in der gesamten Literatur: [...]"

[253] Aries, Wolf D.: *Menschenrechte - ein universaler Minimalkonsens?* in: Ziebertz: S. 162: Auch der Begriff „Verantwortung" ist in keinem Offenbarungstext zu finden.

bote eben rein tribalistischen Ursprungs waren und sich daher auch nur auf das Volk Israel bezogen:

> „Wer nur einen einzigen Israeliten hinmetzelt, [...] soll zum Tod durch das Schwert verurteilt werden. Es bedarf keiner besonderen Erwähnung, dass jemand nicht zum Tod verurteilt wird, wenn er einen Heiden tötet." (Rabbiner Moses Maimonides, 12.Jh. Erläuterung des 5. Gebots)[254]

Auch die Sklaverei und die Frau als Besitz des Mannes sind bereits in den „Zehn Geboten" ganz selbstverständlich festgeschrieben. Von einem Gedanken "einer alle tatsächlichen Ungleichheiten überwindenden Gleichheit"[255] kann daher auch im biblisch-christlichen Glauben keine Rede sein. Jesus selbst erscheint in den Evangelien als jüdischer Partikularist, dem der Gedanke einer Missionierung und damit „Erlösung" anderer Völker oder gar aller Menschen offensichtlich fern lag[256] und dessen fragwürdiger Höllenglauben und der damit verbundene Gerichtsgedanke auch seine Erlösungsbotschaft konterkariert.[257]

Wenn nun die katholische Kirche überhaupt einen ursprünglichen Einfluss auf die Entstehung der Menschenrechte hatte, dann war es ihre durch Jahrhunderte andauernde unerträgliche Selbstherrlichkeit und ihr religiöser wie auch weltlicher Machtmissbrauch, die zu Humanismus, Aufklärung und auch Protestantismus geführt haben, wobei letzterer wieder nur an der Durchsetzung der Freiheits-, Widerstands- und politischen Partizipationsrechte der eigenen Religion interessiert war und schlussendlich auch wieder nur einen klerikal-faschistischen Staat meinte, der die religionspolitischen Ambi-

---

[254] Dawkins S. 353

[255] Hilpert in: Ziebertz: S. 54

[256] „Geht nicht auf den Weg zu den Heiden [...]. Geht vielmehr zu den verlorenen Schafen des Hauses Israel." (Mt 10,5-6)

[257] Vgl. Kubitza, Heinz-Werner: *Der Jesuswahn*: S. 140 ff.

tionen dieser neuen, wieder einmal einzig „wahren" Religion durchzusetzen habe.[258]

Nun behaupten aber gerade auch protestantische Theologen immer wieder hartnäckig die Vorreiterrolle des Protestantismus bei der Entwicklung der Menschenrechte. Dabei verdrängen sie offensichtlich die geschichtlichen Realitäten, wie etwa Luthers Festhalten an der Gnaden- und Prädestinationslehre Augustins oder auch dessen Einstellung zu Frau, Ehe und Sexualität. Und die angebliche Religionsfreiheit, die wieder nur die eigene im Blick hatte, endete bekanntlich in der Anbiederung an die weltlichen Machthaber mit dem „Cuius regio, eius religio"[259]. Des Weiteren würde auch kein Protestant nur daran denken, die Bibel in Zweifel zu ziehen. Schon zwei Jahrhunderte vor Luther haben humanistische Philosophen (zwar noch im katholischen Umfeld sozialisiert, aber natürlich unter ständigem Häresieverdacht von Papst und Kirche als ketzerisch gebrandmarkt) das Feld bereitet, auf dem dann Luther zur Durchsetzung seiner Vorstellungen von Christentum seine einseitig-religiöse Ernte hielt. Noch 1849 formulierte der deutsche *Centralausschuss der Inneren Mission* in Ablehnung des Kommunismus:

> „[A]ber die Macht, Brod [sic] zu reichen für die Arbeit, haben alle Menschenmächte auf Erden nicht; diese Macht hat allein Gott der Herr im Himmel [...]; hier haben Menschenrechte keine Geltung, hier sind nur Gnadenrechte [...], die sich der Herr von keiner Faustgewalt der Hilfdirselbstmenschen abtrotzen lässt."[260]

---

[258] Rochus, Leonhardt: *Glaubensgewissheit und Religionsfreiheit* in: Liedhegener /Werkner: *Religion, Menschenrechte und Menschenrechtspolitik*: S. 113

[259] Der Herrscher bestimmt die Religion seiner Untertanen. Diese Redewendung wurde allerdings erst 1612 von Joachim Stephani geprägt.

[260] Kunter, Katharina: *Der lange Weg zur Anerkennung: Die Kirchen und die Menschenrechte nach 1945* in: Liedhegener, Antonius/Werkner, Ines-Jacqueline: S. 155 (Greschet, Martin: *Das Zeitalter der industriellen Revolution. Das Christentum vor der Moderne,* Stuttgart, Kohlhammer 1980, S. 131 zit. Nach H. Lehmann 1969, S. 225)

Und auch noch hundert Jahre später waren evangelische Juristen und Theologen 1949 gegen die Abschaffung der Todesstrafe, da dies „sittliche Schwäche und das Eingeständnis staatspolitischer Profanierung"[261] zeige. Naturrechtliche wie weltliche Begründungen der Menschenrechte wurden dezidiert abgelehnt.

> „Denn letztlich sei der Glaube eine höhere normative Instanz und schütze vor «Überheblichkeit und Hilflosigkeit aller naturrechtlichen Programme und Ausflüchte»."[262]

Hier treffen sich Protestantismus, Katholizismus (vgl. Ratzinger S. 58 bzw. Müller S. 58 f.) - und im Besonderen natürlich auch der Islam - in einer die Menschenrechte relativierenden Eintracht, die das Bild der heute gepflegten christlichen (wie auch islamischen) Menschenrechtsrhetorik als völlig unzutreffend zurechtrückt.

Erst auf dem 2. Vatikanischen Konzil (1962-1965) hat die katholische Kirche - nach kontroversen Diskussionen - die Grundlage für die Anerkennung der Menschenrechte und natürlich vor allem der Religionsfreiheit geschaffen. Die teilweise Mitwirkung der katholischen Kirche etwa bei der Formulierung der Schlussakte der KSZE von 1975, wo im Zuge der Verhandlungen 1973 zum ersten (!) Mal explizit die „Wahrung und Förderung der Menschenrechte" betont wurde, zeigt aber auch hier, dass der Vatikan vor allem daran interessiert war, mit der Religionsfreiheit seine weltweite Missionstätigkeit gesichert zu wissen.[263] Was nun die Achtung der Menschenrechte betrifft, so hat die Kirche, wie bereits festgestellt, bis heute weder die Gleichstellung der Frau oder die Rechte nicht heterosexuell orientierter Menschen anerkannt (Art. 1, 2, 7 AEMR), zwar die Todesstrafe im Vatikan abgeschafft, im Katechismus aber dennoch nicht prinzipiell geächtet (Art. 3 AEMR), und

---

[261] Vgl. Ebenda: S. 153

[262] Ebenda: S. 157

[263] Vgl. Ebenda: S. 164 f.

hat aus - wie es so schön heißt - „formalen" (natürlich theologischen) Gründen die Menschenrechtserklärung noch immer nicht unterzeichnet (siehe Ratzinger S. 58). So meinte auch Kardinal Garrone (1901-1994)[264], es müsse „der christlichen Moral eine absolute Sonderstellung eingeräumt werden"; dies sei „vornehmlich in der absoluten Einmaligkeit der christlichen Botschaft begründet."

Wie lange die christlich-religiöse Abwertung der Frau auch im politischen Leben Europas wirksam war, kann man beispielhaft etwa auch am Frauenwahlrecht aufzeigen, das erst mit Beginn des 20. Jahrhunderts, zuerst 1906 in Finnland bis zuletzt 1971 in der Schweiz (in Appenzell Innerrhoden auf kantonaler Ebene gar erst 1990) sukzessive gewährt wurde. Deutsche Frauen, die vor 1958 einen Führerschein machen wollten, waren darauf angewiesen, dass Ehemann oder Vater dies gestattete. Der Mann hatte auch das Recht, den Anstellungsvertrag der Frau nach eigenem Ermessen und ohne deren Zustimmung fristlos zu kündigen und hatte auch das alleinige Bestimmungsrecht über Frau und Kinder inne. Auch wenn er seiner Frau erlaubte zu arbeiten, verwaltete er ihren Lohn. Ohne Zustimmung des Mannes durften Frauen bis 1962 kein eigenes Bankkonto eröffnen. Bis 1969 wurde eine verheiratete Frau als nicht geschäftsfähig angesehen und erst 1977 (Österreich 1975) brachte eine umfassende Reform des Ehe- und Familienrechts die Gleichstellung der Ehepartner. Auf die rasante Geschwindigkeit des zölibatären Motors zur angeblich christlich-kirchlichen Entwicklung der Frauenemanzipation schon seit dem 4. Jahrhundert wurde bereits hingewiesen (S. 83), wie auch auf das angebliche „Ideal" der Jungfräulichkeit des damals beginnenden Marienkults, der in Wirklichkeit aber zu einer Abwertung der Sexualität und damit natürlich auch der Frau führte (siehe S. 82).

[264] Garrone, Gabriel-Marie: *Was soll ich tun? Gedanken zur christlichen Moral und ihrer Widersprüchlichkeit*: S. 32 f.

Viele christliche-konservative Kirchen (insbesondere auch die katholische Kirche) verweigern sich auch heute noch folgenden Artikeln der AEMR:

- *Art. 1, 12, 18* (siehe auch UN-KRK *Art. 14*, S. 60)
  Behauptung einer Erbsünde und der Notwendigkeit der Taufe sowie die frühkindliche religiöse Prägung religionsunmündiger Kinder
- *Art. 1, 2, 7*
  Ungleichheit zwischen Mann und Frau:
  Keine Priesterweihe für Frauen
  (katholische Kirche, orthodoxe und andere konservative Kirchen, sowie die meisten evangelikalen Gemeinden)
- *Art. 12, 16*
  Diskriminierung wiederverheirateter Geschiedener
  (katholische Kirche: Ausschluss von der Eucharistie, oft auch arbeitsrechtlichen Folgen; orthodoxe Kirche: befristeter Ausschluss von der Eucharistie)
- *Art. 1, 2, 7*
  Diskriminierung aufgrund einer nicht heterosexuellen Orientierung: Homosexualität sei „unnatürlich“, „sündhaft“ und dürfe daher nicht gelebt werden
  (katholische Kirche, orthodoxe und andere konservative Kirchen, sowie die meisten evangelikalen Gemeinden)
- *Art. 3*
  Todesstrafe (siehe *Katechismus der Katholischen Kirche:* 2266-67, FN 31, S. 23)

Zur islamischen Menschenrechtsrhetorik

Die Muslime, die alle (!) Menschenrechte schon im Koran enthalten sehen, stellen in ihrem theozentrischen Denkansatz die AEMR unter den Vorbehalt der „Scharia". *Die Allgemeine Islamische Menschenrechtserklärung* (Paris, 1981) stellt in ihrer Präambel fest:

> „Vor vierzehn Jahrhunderten legte der Islam die Menschenrechte umfassend und tiefgründend als Gesetz fest."

Und die *Kairoer Erklärung der Menschenrechte im Islam* (1990) formuliert:

> „Alle Rechte und Freiheiten, die in dieser Erklärung genannt werden, unterstehen der islamischen Shari´a." (Art. 24).
> „Die islamische Shari´a ist die einzige zuständige Quelle für die Auslegung oder Erklärung jedes einzelnen Artikels dieser Erklärung." (Art. 25).

Diese kulturalistisch-religiöse Vereinnahmung und die damit verbundenen Regionalisierungsbestrebungen von Menschenrechten[265] müssen allerdings mehr als nur kritisch gesehen werden, da hier dem Aufbrechen der Menschenrechtsstandards, die sinnvollerweise weltweit gelten sollten, Tür und Tor geöffnet wird.

> „Ironischerweise sind jene, die den Anspruch erheben, Menschenrechte seit 1400 Jahren zu respektieren, die gleichen, die sie 1400 Jahre danach beschneiden."[266]

---

[265] Es gibt auch schon eine Afrikanische Menschenrechtserklärung (1981/86) wie auch eine Arabische Menschenrechts-Charta (2008)

[266] Bassiouni, Mahmoud: *Islamische Menschenrechtsdiskurse* in: Liedhegener/ Werkner: S. 196

Was es bedeutet, die Menschenrechte unter Vorbehalt der Scharia zu stellen, kann man an der Realität in islamischen Gottesstaaten oder aber auch an manch innerhalb Europas schon geduldeter Paralleljustiz in den islamischen Kultur-Enklaven europäischer Großstädte beobachten. Da aber jede Religion nur ihre Partikularinteressen vertritt und immer nur ihre eigenen Wahrheiten als absolut anerkennt und den jeweils anderen Weltanschauungen gegenüber für überlegen erklärt, muss es Aufgabe eines freiheitlichen und säkular-demokratischen Staates sein, dem Deutungs- und Normierungsanspruch jeder Ideologie, die sich über die Menschenrechte stellen möchte, entgegenzutreten und damit den absoluten Vorrang seiner Grundrechte, die natürlich als Mindestmaß den Menschenrechtsnormen entsprechen müssen, für *alle* Staatsbürger sicherzustellen. Vor so vielen einzig absolut gültigen religiösen Wahrheiten kann nur ein solcher Staat schützen, indem er alle seine Bürger mittels seines Grundgesetzes auf Basis der Menschenrechte egalitär behandelt. Diese Rechte dürfen daher weder relativiert noch gar irgendwelchen religiösen oder anderen Einzelinteressen untergeordnet werden, wodurch die Allgemeingültigkeit dieser Rechte zugunsten willkürlicher Sonderrechte aufgehoben und das Prinzip der Gleichheit aller Staatsbürger ad absurdum geführt würde. Jede religiöse Freiheit muss dort enden, wo sie zu Lasten anderer die verfassungsmäßig geltende Rechtsordnung relativiert. „Sonderrechte sind per se ausschließend und tragen nicht zur Integration bei, sondern trennen die Gesellschaft in willkürlich definierte Bestandteile."[267]

Der Islam fordert dagegen die bedingungslose Vorrangstellung der Gesetze von Koran und Scharia gegenüber den Menschenrechten, womit auch er sich den absoluten Herrschaftsanspruch seiner Weltanschauung anmaßt. Der Mensch sei von Natur aus als Muslim geboren, er werde nur durch eine nicht-

---

[267] Heinisch, Heiko/Scholz, Nina: *Europa, Menschenrechte und Islam – ein Kulturkampf?*: S. 269

islamische Umwelt „verdorben". Mit dieser prätentiösen Begründung werden Nicht-Muslimen innerhalb islamischer Staaten keine gleichen staatsbürgerlichen Rechte zugestanden und die Unterwerfung der „Ungläubigen" gefordert. Dieser koranisch-orthodoxe Islam kennt keine Trennung von Religion, Staat, Recht und Privatsphäre. In diesem Sinne gibt es daher keinen unpolitischen Islam und er stellt somit innerhalb einer demokratisch „westlich"-freiheitlichen Gesellschaft realiter einen „reaktionär-regressiven Fremdkörper"[268] dar, dessen Gefahr nicht unterschätzt werden sollte, findet er doch im konservativ-fundamentalistischen Christentum heute wieder Gleichgesinnte in der Ablehnung einer säkular-humanistischen wie demokratisch-liberalen Lebenskultur und Werteordnung.[269] Da die Agenten des Übersinnlichen ihre Religionen immer gerne als gemäßigte Weltanschauungen darstellen, wird allzu leicht der Blick auf jene kampfbereiten Fundamentalisten verstellt, die sich hinter den Potemkinschen Dörfern der großen Mehrheit von friedliebenden Gläubigen verbergen.

Artikel 28
Jede Person hat Anspruch auf eine soziale und internationale Ordnung, in der die in dieser Erklärung verkündeten Rechte und Freiheiten voll verwirklicht werden können.

Es gibt auch keine Religionsfreiheit, nicht innerhalb des Islam, der Apostasie schariagemäß mit der Todesstrafe sanktionieren kann, und auch nicht für alle anderen „Ungläubigen", denen Rechte vorenthalten werden (außer das menschenrechtswidrige Strafrecht der Scharia) oder auch die Staatsbürgerschaft verweigert wird. Auch die Tatsache teilweise sklavenartiger Arbeitsverhältnisse sei noch einmal erwähnt, die allerdings kein „Privileg" nur islamischer Staaten sind, auch wenn sie dort in bemerkenswerter Selbstverständlichkeit bestehen (Art.

268 Krauss: S. 216
269 Vgl. Ebenda: S. 195

4 AEMR). Auch können Nicht-Muslimen zusätzliche Pflichten auferlegt werden, wie etwa „Schutzgelder", die offenbar die sogenannten „Dhimmis" vor den frommen Gottesknechten der Religion des Friedens und der angeblichen Toleranz schützen müssen. Die Begründung findet sich im Heiligen Koran in Sure 9,29 (S. 113). Die Scharia erklärt diesen, auch als „Kopfsteuer" bezeichneten Tribut in aller Offenheit:

> "Die Kopfsteuer ist eine Art Bestrafung der Ungläubigen für ihre Verstocktheit im Unglauben."[270]

So kann man auch die eigentliche, materialistische Zielsetzung und das schon dem Propheten eigene imperiale Raubbedürfnis[271] anstelle des angeblich von Allah verfügten Bekehrungsauftrags verschleiern. Eine Religionsfreiheit, deren Freiheit einzig darin besteht, sich auf die Einbahnstraße der Bekehrung zum Islam zu begeben.

Es gibt daher auch keine Gleichheit für alle Menschen, was im Besonderen auch die den Frauen vorenthaltenen Gleichheitsrechte betrifft. So manifestiert sich die Minderwertigkeit und damit Ungleichstellung und Unterdrückung der Frau in Koran und Sunna sowohl im Eherecht (Unterordnung, Entmündigung, Züchtigungsrecht des Ehemannes), im Erb- und Gerichtswesen als Mensch halben Werts (Art. 6 AEMR), im Scheidungsrecht (Eheauflösung, Unterhaltsregelungen, Kindschaftssorgerecht) und nicht zuletzt ist natürlich die weibliche

---

[270] Hidaya IX 8. in: Gopal: S. 340: Diese Kopfsteuer heißt dschizyat, abgeleitet von dschizya = Wiedergutmachung. Onfray (2006), S. 88: „Die angebliche Toleranz entpuppt sich also als eine Mafia-Praxis, bei der jeder einzelne ein System finanzieren muß, das Schutzgelder erpreßt."

[271] „Die Verteilung der Beute ist Sache Allahs und seines Gesandten Allahs;" (8,2) „Wißt, wenn ihr Beute macht, so gehört der fünfte Teil Allah und dem Gesandten und dessen Verwandten, den Waisen und den Armen und dem Wanderer;" (8,42) „Die Beute, […], die Allah seinem Gesandten allein, ungeteilt, gewährte, […]. (59,7) „Was der Gesandte euch gibt, das nehmt an, und was er euch versagt, dessen enthaltet euch." (59,8) „[…], wenn ihr auszieht, Beute zu machen, […]." (48,16 ff.)

Beschneidung wie auch die der männlichen Glaubensbrüder mit den Menschenrechten völlig unvereinbar (Art. 1, 5 AEMR; Art. 3, 14, 19, 24 KRK siehe S. 60).

Wenn heute angebliche „Islamophobie“ als politisch inkorrekt zu gelten habe, so werden damit nur die realen Tatsachen beschönigt und ins Gegenteil verkehrt. In Wirklichkeit ist es die berechtigte und auch begründbare Sorge und Kritik, dass durch den orthodox-islamischen Anspruch auf Weltherrschaft die Errungenschaften einer modern-demokratischen Zivilisation in ständiger Gefahr sind und Islamkritik, denunziert als „Islamophobie“, daher ein Gebot der Achtsamkeit auf menschenrechtliche Errungenschaften bleiben muss. Angst kann auch durchaus eine positive Kraft sein.

Ein Exkurs in die Realität säkular-praktischen Denkens

Im Zuge der Verhandlungen über das US-EU-Freihandelsabkommen (TTIP) 2014 warnte der deutsche Landwirtschaftsminister Hans-Peter Friedrich davor, dass dieses nicht dazu führen dürfe, „dass die hohen europäischen Standards für die Qualität und Sicherheit von Lebensmitteln aufgegeben werden.“[272] Die deutsche Umweltministerin Barbara Hendricks lehnte die Einführung privater Schiedsgerichte ab, vor denen Investoren Staaten verklagen können. „Das würde bedeuten, dass Großkonzerne ihre Interessen gegen die Gesetzgebung der Mitgliedsländer der EU durchsetzen können, und zwar ohne demokratische Kontrolle, das hätte eine historische Dimension.“[273] Auch der österreichische Kanzler Werner Faymann betonte, dass kein Abkommen geschlossen werden dürfe, "das soziale Rechte verkleinert oder schlechtere Umweltgesetze zur Messlatte werden lässt"[274]. Natürlich geben sich auch andere EU-Politiker wie Jean-Claude Juncker optimis-

---

272 *Freihandelsabkommen wackelt* in: Der Standard, 4.2.2014

273 Ebenda

274 www.ots.at/touch/presseaussendung/ots_20140428_ots0190 (letzter Zugriff 1.3.2015)

tisch. Ihm gehe es darum, „dass die europäischen Standards beibehalten werden, die Lebensmittelsicherheit betreffend, die Umwelt oder arbeitsrechtliche Bedingungen. Das dürfen wir nicht auf dem Altar dieses Freihandelsabkommens opfern."[275]

Rückkehr in die Potemkinschen Dörfer Absurdistans

Man ersetze Lebensmittel- oder Umwelt- durch Menschenrechtsstandards, Großkonzerne durch Weltreligionen, die ominösen Schiedsgerichte durch religiöse Gerichtsbarkeiten wie die Rabbinats- und Scharia-Gerichte oder auch die inner-kirchliche Rechtsprechung mit ihren – den Konkordaten sei Dank – arbeits-, vermögens- und steuerrechtlichen Privilegien; somit können all diese „anerkannten" Religionshüter unter Berufung auf die biblischen, koranischen oder sonstigen Traditionen ihre dogmatisch-rigiden Vorschriften für sich in Anspruch nehmen, die in archaischer Zeit bequemerweise der jeweiligen Gottheit umgehängt wurden und noch immer als gottgegeben behauptet werden. Hier sind sich natürlich alle Religionen einig, eine Trennung von Staat und Religion einzufordern.

Der jeder Logik widersprechende Gegensatz zwischen realpolitischem Handeln, wenn es um die Qualität des materiellen Wohlstands geht, und der realitätsverweigernden Multikulti-Rhetorik im weltanschaulichen Bereich offenbart die Naivität manch europäischer Politiker, die den muslimischen, die historischen Tatsachen schlicht verfälschenden Behauptungen (muslimisch-euphemistisch übersetzt: „konkurrierende Erzählungen"[276]) der angeblichen Religion des Friedens, im Sinne ihrer Bürger eigentlich entgegentreten sollten. Andererseits hat man zu Recht rechts- wie linksfaschistische Bedrohungen im Visier und kritisiert die demokratischen wie auch menschenrechtlichen Defizite totalitärer Systeme. Es sollte uns

---

[275] VN-ebi, sabl: „*Standards nicht opfern*" in: Vorarlberger Nachrichten, 8.5.2014

[276] Vgl. Bat Ye´or: *Europa und das kommende Kalifat*: S. 104

aber hellhörig machen, wenn muslimische Polit-Agitatoren immer von einem „islamischen Frieden" sprechen, was zu Recht die Frage aufwirft, welcher „Friede" da eigentlich gemeint ist, der sich offenbar vom normalen Frieden in nicht-muslimischen Ländern unterscheidet (S. 132).

Was die sogenannten europäischen „Eliten" und die von ihnen in Abhängigkeit gehaltene Politikerkaste in ihrem eigenen realwirtschaftlichen Interesse unmittelbar verstehen und verteidigen, wollen sie im weltanschaulichen Bereich offenbar nicht erkennen und glauben, durch ihre naive Anbiederung an eine angeblich islamisch-arabische „Kultur" die Bedrohung der bisher errungenen freiheitlich-demokratischen und menschenrechtlichen Standards abwenden und damit eine schleichende Islamisierung Europas verhindern zu können. Ebenso naiv vertrauen sie darauf, damit Sicherheit gegen den islamischen Dschihad und Imperialismus erkaufen zu können. Oder aber es scheint ihnen schlicht gleichgültig zu sein: Geschäft vor Ethik und Menschenrechten, die beim „globalisierten" Streben nach Gewinnmaximierung ohnedies meist als hinderlich erachtet werden.

> „Also gehört der Respekt vor dem Islam nun zum Sicherheitsarsenal der Europäer."[277]

Wenn dann etwa auch noch die EU-Außenbeauftragte Catherine Ashton im März 2014 bei ihrem Besuch im Iran sich mit einem islamischen Kopftuch präsentiert, während die muslimischen Herren, Staatspräsident Hassan Rohani oder Außenminister Mohammed Javad Zarif ihr aus Reinheitsgründen nicht einmal die Hand reichen, dann ist dies eine bewusste Herabwürdigung nicht-muslimischer Gepflogenheiten, während Mrs. Ashton, aus welchen Motiven auch immer, sich den Erwartungen ihrer muslimischen Partner glaubt unterordnen, oder besser: anbiedern zu müssen. Wenn auch bei einem Tref-

---

[277] Ebenda: S. 53

fen im Mai 2012 in Genf der ultraorthodoxe israelische Vize-Gesundheitsminister Yaakov Litzman der belgischen Gesundheitsministerin Laurette Onkelinx ebenso den Handschlag verweigert, so zeigt dies nur die weltanschauliche Beschränktheit dieser offensichtlich noch immer nicht im 21. Jahrhundert angekommenen Herren. Dass ihr ein Minister nicht die Hand geben wolle, weil sie eine Frau ist, sei ihr nun schon zum zweiten Mal im Leben passiert. "Das erste Mal war es ein iranischer Minister."[278]

Die Unterwanderung der westlichen Kultur hat schon längst begonnen. Die von fundamentalistisch-islamischen Agitatoren aufgestellten Behauptungen, die ihre „wahren Werte und Prinzipien" des Islam als eine „zeitgenössische Kultur"[279] darzustellen versuchen (wohl zeitgenössisch, aber nicht zeitgemäß), wollen das suggerieren, was die freiheitlich-demokratische Welt, in der sich auch der Islam natürlich auszubreiten wünscht, immer gerne hört, was aber umgekehrt besonders in den islamischen Gottesstaaten in keiner Weise Geltung hat, sondern im Gegenteil dort all jene Werte auf das Gröblichste verletzt werden, die umgekehrt von den nicht-muslimischen Staaten für die muslimischen Immigranten immer wieder unter Berufung auf die ansonsten abgelehnten „westlichen" Menschenrechte immer wieder eingefordert werden.

> „Selbst wenn die OIC[280] die Sprache der internationalen Organisationen verwendet, wird die Bedeutung der Wörter schlicht beseitigt, weil sie in der Begriffswelt des Koran verwurzelt sind und mithin in fundamentalem Gegensatz zum säkularen Denken des Westens stehen."[281]

---

278 http://diestandard.at/1336697812247/Ultra-Orthodox-Kein-Handschlag-weil-sie-eine-Frau-ist 24.5.2012 (letzter Zugriff 1.3.2015)
279 *„Alliance of Civilization"*, Report 37, § 5 in: Bat Ye´or: S. 109
280 *Organization of the Islamic Conference*
281 Bat Ye´or: S. 177

Was nach dem folgenden Vers Sure 3,30 ja durchaus geboten scheint oder zumindest so ausgelegt wird[282]:

> „Sprich: Mögt ihr verheimlichen, was in euren Herzen ist, oder dies kundtun, Allah weiß es; [...]

Dazu auch die Erklärungen („Tafsire") zu Sure 3,29 (S. 68, 112) aus Tafsir al-Jalalayn:

> „Nicht sollen sich die Gläubigen die Ungläubigen zu Beschützern nehmen, sondern sie sollen sich ihresgleichen dafür aussuchen. Wer ersteres aber trotzdem tut, der gehört keinesfalls der Religion Allahs an. Ihr könnt jedoch, als Schutzvorrichtung sozusagen, sie verbal (nicht in euren Herzen) als eure Beschützer annehmen, wenn ihr euch vor ihnen fürchtet. Dieses Gebot wurde offenbart, bevor der Islam Vormachtstellung errungen hatte. Jeder Gläubige darf es anwenden, wenn er sich in einer Minorität befindet." [...]

Dazu Ibn Kathir (um 1300-1373), al Tabaris rangnächster Gelehrte:

> „Wer immer zu gegebener Zeit und an beliebigem Ort das Böse der Ungläubigen fürchtet, darf sich durch äußere Verstellung schützen." Um diese Aussage zu untermauern, zitierte er Abu Darda, einen engen Gefährten Mohammeds: „Laß uns ins Gesicht mancher Nicht-Muslime lächeln, währenddessen unsere Herzen sie verfluchen."

Und noch eine weitere islamisch-moralische Aussage von Al-Bukhari (810-870; Volume 7 Buch 67 Nr.427)[283]:

---

282 Vgl. http://www.religiononline.de/showthread.php?tid=5836 (letzter Zugriff 1.3.2015)

283 Ebenda

> […] wenn ich einen Eid geschworen habe und ich finde später etwas besseres, so tue ich dieses bessere und breche meinen Eid."

Dass man sich also durch Verstellung gegen Nicht-Muslime schützen müsse, sollen in diesem Sinne wohl folgende Phrasen die Lebenswirklichkeit in muslimisch-konservativen Ländern verschleiern: Der Islam schütze und sichere die (islamische interpretierte) Würde des Menschen und Humanität durch „Toleranz und eine friedvolle [islamische] Koexistenz" und somit „ein besseres Leben für die Menschheit"; der Islam sei „die Verwirklichung von „Gerechtigkeit" in allen Völkern, ungeachtet der Nationalität, Religion, Ethnie, Rasse oder des Geschlechts".[284] Ebenso verkündet die OIC und andere fundamentalistische-islamische Organisationen die Förderung des „friedlichen" Djihad als "Djihad in der Ökonomie, Bildung, Intellektualität, Ökologie, Moral oder auch als Djihad gegen Armut, Verbrechen, Drogen, AIDS etc."[285]

Folgende Begriffe wird man allerdings - nach „westlichem" Verständnis - in diesen Erklärungen muslimischer Organisationen vergeblich suchen: Freiheit, Demokratie[286], Meinungsfreiheit[287]. Sämtliche Maßnahmen und Forderungen[288], die zum angeblich notwendigen „Schutz" muslimischer Immigranten in den nicht-muslimischen Staaten gestellt werden, benennen genau jene Defizite, die in den islamischen Ländern selbst bestehen:

---

[284] Vgl. Bat Ye´or: S. 82

[285] *Recommendations of the OIC Commission of Eminent Persons (C.E.P.)*, Saudi-Arabia, 5-6 Dhul-Qa´da 1426/7.8. Dezember 2010 in: Bat Ye´or: S. 55

[286] Erdogan, Recep Tayyip: „Die Demokratie ist nur der Zug, auf den wir aufsteigen, bis wir am Ziel sind. Die Moscheen sind unsere Kasernen, die Minarette unsere Bajonette, die Kuppeln unsere Helme und die Gläubigen unsere Soldaten."

[287] Islamische Menschenrechtserklärung (1990), Art. 22: „Jedermann soll das Recht haben, seine Meinung frei zu äußern, die nicht im Widerspruch zu den Prinzipien der Scharia steht;" in: Bat Ye´or: S. 97

[288] Vgl. auch Bat Ye´or: S. 95 ff.

- religiöse Toleranz wird eingefordert, während in muslimischen Staaten Nicht-Muslime als „Dhimmis" diskriminiert werden, teilweise noch die Dschizya (S. 162) zu entrichten haben und ihnen auch staatsbürgerliche Rechte vorenthalten werden;

> ***Artikel 18***
> *Jede Person hat das Recht auf Gedanken-, Gewissens- und Religionsfreiheit; dieses Recht schliesst die Freiheit ein, ihre Religion oder Weltanschauung zu wechseln, sowie die Freiheit, ihre Religion oder Weltanschauung allein oder in Gemeinschaft mit anderen, öffentlich oder privat durch Lehre, Ausübung, Gottesdienst und Kulthandlungen auszudrücken.*

- jede Kritik am Islam müsse verhindert und der Respekt vor Religionen geschützt werden, während Juden wie Christen schon im Koran kritisiert und beschimpft, heute bestenfalls geduldet und andere Religionen überhaupt unterdrückt oder verfolgt werden;

> ***Artikel 19***
> *Jede Person hat das Recht auf Meinungsfreiheit und freie Meinungsäusserung; dieses Recht schliesst die Freiheit ein, Meinungen ungehindert anzuhangen, sowie über Medien jeder Art und ungeachtet von Landesgrenzen Informationen und Gedankengut zu suchen, zu empfangen und zu verbreiten.*

- man fordert, dass Muslime Zugang auch zu höchsten öffentlichen Ämtern haben sollten, während genau dies in muslimischen Ländern nicht gewährt wird

> ***Artikel 21***
> *1. Jede Person hat das Recht, an der Gestaltung der öffentlichen Angelegenheiten seines Landes unmittelbar oder durch frei gewählte Vertreter mitzuwirken.*
> *2. Jede Person hat das Recht auf gleichen Zugang zu öffentlichen Ämtern in seinem Lande.*

- Minarett-Verbote werden verurteilt, während in manchen islamischen Gottesstaaten die Restaurierung oder gar der Neubau von Einrichtungen anderer Religionen eingeschränkt oder gar verboten sind;
- Radikalismus, Fremdenfeindlichkeit, Rassismus etc. werden kritisiert, worüber sich ein weiterer Kommentar wohl erübrigen dürfte.

Ein sich auch heute noch auf Koran und Sunna berufender Islam ist mit folgenden Artikeln der *AEMR* nicht kompatibel:

- *Art. 1, 5, 8* (siehe auch die Artikel der UN-KRK, S. 60)
  Beschneidung nicht religionsmündiger Kinder
- *Art. 1, 2, 6, 7*
  Ungleichheit von Mann und Frau und zwischen Muslimen und Nicht-Muslimen
- *Art. 12, 18*
  Keine freie Wahl einer Weltanschauung und kein Recht auf sanktionslosen Religionswechsel oder –austritt.
- *Art. 19*
  Kein Recht auf freie (auch religionskritische) Meinungsäußerung (unter Vorbehalt der Scharia)
- *Art. 12, 16*
  Kein Recht auf freie Partnerwahl
- *Art. 1, 2, 7*
  Bestrafung nach der Scharia (bis hin zur Todesstrafe) von Homosexualität als „Unzucht“
- *Art. 3, 5*
  Strafbestimmungen der Scharia; Folter, Todesstrafe

Resümee

Es ist offenkundig, dass die Durchsetzung der Menschenrechte und die Idee des säkular-laizistischen Staates nicht wegen entsprechender Forderungen irgendeiner Religion gelungen sind, sondern genau umgekehrt gegen den Widerstand aller Religionshüter erkämpft werden mussten und noch immer müssen. Ansprüche sowohl der jüdischen, christlichen wie auch der islamischen Religion, einen ursächlichen Anteil an der Entwicklung der Menschenrechte zu haben, sind nur damit zu erklären, dass moderne Ansichten rückwärts in die Geschichte und auch in die „Heiligen Bücher" hineininterpretiert werden.[289] Trotzdem glauben die thora-, bibel- oder koran-gläubigen Moralin-Apostel noch immer, nicht nur den eigenen Glaubensbrüdern und -schwestern vorschreiben zu müssen, wie sie zu leben und zu sterben, sich zu lieben oder auch zu ernähren haben oder gar, wie ihre Geschlechtsorgane beschaffen zu sein haben, sondern versuchen auch immer wieder, ihre unzeitgemäß-dogmatischen Moralvorstellungen und menschenrechtswidrigen Vorschriften mithilfe staatlicher Gesetze durchzusetzen und somit auch allen Anders- und auch Nicht-Gläubigen aufzuzwingen. Bei soviel unterschiedlichen religiösen Weltanschauungen innerhalb einer inzwischen weltweit multikulturellen (leider nicht multizivilisierten) Gesellschaft werden diese jeweils divergierenden Einzelinteressen immer mehr zum sozialen Sprengstoff, hat doch jede Religion die Missionierung der ganzen Welt zu ihrem jeweils einzig wahren Glauben zum Programm. Daher muss jede Religion mit allen ihren ideellen wie auch materiellen Ansprüchen in den privaten Bereich verwiesen werden. In ihrer Abgehobenheit könnte sich jegliche Priesterschaft, die sich jeweils als einzig wahre Moralinstanz gegenüber allen Andersdenkenden aufspielen möchte, doch eigentlich damit zufrieden geben, dass diese „Ungläubigen" ohnehin in welchem Höllenfeuer auch

---

289 Vgl. Bassiouni in: Liedhegener/Werkner: S. 189

immer enden würden. Wo bliebe denn sonst die (un-)himmlische (Schaden-)Freude, die manche katholisch-heiligen Kirchenlehrer wie Thomas von Aquin (summa theologica) immer wieder verheißen haben und die offenbar einen ganz besonderen Anreiz zu haben scheint, das biblisch-christliche Himmelreich anzustreben:

> „Damit die Heiligen ihr Glück und die Gnade Gottes besser genießen können, ist es ihnen gestattet, der Bestrafung der Verdammten in der Hölle zuzusehen."[290]

Allein die Menschenrechte sind jene Grundlage, die jenseits aller unterschiedlichen Moralvorstellungen nicht nur religiöser Ideologien für alle Menschen verbindlich Geltung beanspruchen kann. Es können daher auch nicht, wie von allen Religionen gefordert, deren partikularistische Moralitäten den demokratisch-rechtsstaatlichen Gesetzen, die allerdings auf dem Mindeststandard der Menschenrechte gründen müssen, übergeordnet werden. Lediglich säkulare Begründungen der Menschenrechte, die auch nur von einem säkularen Staat (im Idealfall von allen Staaten) als Sanktionsinstanz eingefordert werden können, haben daher einen legitimen Geltungsanspruch.[291] Deshalb ist auch eine „sedimentierte" Begründung der Menschenrechte grundsätzlich abzulehnen, was bedeuten würde, dass zur leichteren Durchsetzung in verschiedenen kulturellen Kontexten nur ein Kern an Allgemeinen Menschenrechten übernommen und mit regional tradierten Vorstellungen verknüpft wird. Diese Relativierung kann nur zur Folge haben, dass „die Universalität der Menschenrechtsidee völlig aus dem Blickpunkt gerät."[292] Eine Sedimentierung der

---

[290] Dawkins: S. 445

[291] Vgl. Bassiouni in: Liedhegener/Werkner: S. 211

[292] Vgl. Kirloskar-Steinbach, Monika: *Interkulturalität und Menschenrechtsbegründung* in: Liedhegener/Werkner: S. 231. Die Autorin selbst vertritt allerdings die Meinung, „dass es erforderlich sei, dass eine interkulturell-philosophisch tragbare Menschenrechtsbegründung über eine partikulare Be-

Menschenrechte ist schon allein deshalb problematisch, weil dann bereits innerstaatliche Konflikte zwischen verschiedensten Interessensgruppen über eine Annahme oder Abweisung schon der eigenen Traditionen, geschweige denn welchen „Kerns" der Allgemeinen Menschenrechte, vorprogrammiert sind und damit noch weitergehenden partikularistischen Tendenzen Vorschub geleistet wird, die zumeist nur die ideologisch-kollektivistischen Ansprüche von sich einseitig Deutungshoheit anmaßenden Machtinstanzen durchsetzen wollen. Damit würden die auf die individuellen Rechte der einzelnen Person und auch auf Minderheiten abzielenden Menschenrechte wieder eingeschränkt und wären auch international nicht mehr einklagbar. Der Gleichheitsgrundsatz wäre damit weltweit wieder aufgehoben, bereits Artikel 1 und 2 obsolet. Es kann und darf keine Menschen verschiedener Würde geben!

Artikel 30
Keine Bestimmung dieser Erklärung darf so ausgelegt werden, dass sie für einen Staat, eine Gruppe oder eine Person irgendein Recht begründet, eine Tätigkeit auszuüben oder eine Handlung zu begehen, welche die Beseitigung der in dieser Erklärung verkündeten Rechte und Freiheiten zum Ziel hat.

Man formuliere einmal die Artikel der Menschenrechte negativ und man wird, außer ein paar verrückten Hasspredigern, links- oder rechtsradikalen Faschisten, Despoten und Diktatoren und deren wild gewordenen Henkersknechten, wohl kaum einen vernünftigen Menschen finden, der diesen „Unrechten" zustimmen würde. Es ist nicht Hybris, allen Menschen individuelle Selbstbestimmung zu überantworten, sondern religiöser Hochmut jeglicher Priesterschaft, sich auf behauptete Aussagen einer sakrosankten, unantastbaren und so-

---

gründung verfügt, anhand derer man an die eigene Tradition anknüpfen kann."

mit auch unkritisierbaren Gottheit zu berufen, deren angeblichen Willen man zu kennen vorgibt, um sich letztlich selbst zu erhöhen und noch mit göttlichem Abglanz zu schmücken. Hinter der Maske unterwürfiger Ehrfurcht und Demut werden dann jene Dogmen und Vorschriften verkündet, denen sich die Gläubigen dann ebenso ehrfürchtig und demütig zu unterwerfen haben.

> „Allen Eliten gemeinsam ist der formbare Gott, der in die jeweilige Passform gebracht wird, um den Priestern der Zeit optimale Herrschaftsbedingungen zu schaffen."[293]

Religionen lösen nicht die Probleme einer modernen pluralistischen Gesellschaft, sondern *sie sind* das Problem! „Wenn man mit religiösen Menschen vernünftig reden könnte, dann gäbe es keine religiösen Menschen."[294], was allerdings voraussetzen würde, dass diese Menschen nicht nur Teilinhalte ihrer jeweils „Heiligen Bücher" euphemistisch-selektiv, sondern einmal zur Gänze aufmerksam und kritisch lesen - und dann noch mit ihrem gesunden Hausverstand abgleichen. Allerdings bleibt dann aber doch noch die grundsätzliche Frage, ob jene Gläubigen, die sich heute als „liberal-aufgeklärte" Juden, Christen oder Muslime verstehen, überhaupt noch als „Glaubende" im ursprünglichen Sinne der Glaubensgrundlagen ihrer jeweiligen Religion gelten können, die ja immer ihre eigenen Wahrheiten angeblich göttlicher Offenbarungen als absolut und ewig gültig behauptet. Nicht nur Theologen, die ihre Religion über die Zeiten retten möchten, sondern auch viele Gläubige nehmen ja heute für sich in Anspruch, in mehr oder weniger willkürlich gezogenen Grenzen - dank Humanismus, Aufklärung und den daraus entwickelten Menschenrechten - die ethisch nicht mehr vertretbaren Inhalte ihrer „Heiligen Bücher", wenn schon nicht auszublenden, dann schlicht für un-

---

293 Raddatz, Hans-Peter: *Warum ein Kalifat in Europa?* in: Bat Ye´or: S. XXXIII

294 Dr. House: "If you could reason with religious people, there would be no religious people."

gültig oder als nur „historisch“ und ihre private Weltsicht zur jeweils „wahren Religion“ zu erklären.

Das ambitionierte Projekt der allgemeinen Menschenrechte als *individuelle* Persönlichkeitsrechte ist fundamental mit der Würde, der Freiheit und Gleichberechtigung *aller* Menschen verbunden. Diese Rechte müssen daher universell und unteilbar sein, nicht obwohl, sondern gerade weil sie quer zu den Kulturen, Religionen oder anderen Ideologien stehen und nicht von deren kollektivistischen Ansprüchen und Willkür relativiert werden dürfen.

Man kann dem zumindest nicht fundamentalistischen und durch die Aufklärung inzwischen geläuterten Juden- wie Christentum doch zugute halten, dass man heute bemüht scheint, den gesellschaftlichen Entwicklungen großteils doch Rechnung zu tragen, und vielleicht darf man auch gerade angesichts der Verbrechen und exzessiven Auslegung von Koran und Scharia durch Terrororganisationen wie Al-Qaida, Boko Haram oder den „Islamischen Staat“ doch hoffen, dass die Entwicklung eines aufgeklärten Islam, wie ihn schon viele Muslime in aller Welt wünschen, seine längst fällige Beschleunigung erfährt.

Zivilisatorischer Fortschritt, Freiheit und Demokratie mit verbindlichen Rechten für alle Menschen müssen aber gegen jeden kulturellen wie religiösen Partikularismus und Rassismus - wenn notwendig, auch mit *allen* Mitteln - verteidigt werden. Um es abschließend mit den Worten von Sir Karl Raimund Popper (1902-1994) auszudrücken:

> "Im Namen der Toleranz sollten wir uns das Recht vorbehalten, die Intoleranz nicht zu tolerieren.“

Personenregister

Bibelverzeichnis

Altes Testament

Neues Testament

Die Evangelien

Die Paulinischen Briefe

Die katholischen Briefe

Dogmen der katholischen Kirche

Katechismus der Katholischen Kirche

Surenverzeichnis

Literaturverzeichnis:

ADORNO, Theodor W. : *Prismen*, Frankfurt, Suhrkamp 1976

BAT YE´OR: *Europa und das kommende Kalifat,* Berlin, Duncker & Humblot 2013

BERGMEIER, Rolf: *Christlich-abendländische Kultur – Eine Legende*, Aschaffenburg, Alibri 2014

BRODER; Henryk M.: *Kritik der reinen Toleranz*, Berlin, wjs, 3. Aufl. 2008

BUCAILLE, Maurice: *Bibel, Koran und Wissenschaft,* München, Bavaria 1992

BUGGLE, Franz: *Denn sie wissen nicht, was sie glauben,* Aschaffenburg, Alibri 2012

CLAPHAM, Andrew: *Menschenrechte,* Stuttgart, Reclam 2013

DAWKINS, Richard: *Der Gotteswahn,* Berlin, Ullstein 2008, 7. Aufl. 2009

DENFFER, Ahmad von, AL-MAHGARY, Muhammad Ali: *Krieg und Frieden im Islam,* Schriftenreihe des Islamischen Zentrums München Nr. 26, 1995

DESCHNER, Karlheinz: *Der gefälschte Glaube*, München, Knesebeck 2004

DESCHNER, Karlheinz: *Mit Gott und den Faschisten,* Freiburg, Ahriman 2012

EL-GAWHARY, Karim: *Frauenpower auf Arabisch,* Wien, Kremayr & Scheriau 2013

ENGELMAYER, Gerhard: *Warum man seine Kinder nicht taufen lassen sollte,* Innsbruck, Limbus 2014

FRANZ, Matthias (Hg.): *Die Beschneidung von Jungen,* Göttingen, V&R 2014

FREUD, Sigmund: *Totem und Tabu,* Frankfurt a. M., Fischer, 11. Aufl. 2012

GARRONE, Gabriel-Marie: *Was soll ich tun? Gedanken zur christlichen Moral und ihrer Widersprüchlichkeit,* München, Kösel 1972

GOPAL, Jaya: *Gabriels Einflüsterungen,* Freiburg, Ahriman, 3. Aufl. 2008

HABERMAS, Jürgen, RATZINGER, Joseph: *Dialektik der Säkularisierung,* Freiburg, Herder 2005

HEINISCH, Heiko, SCHOLZ, Nina: *Europa, Menschenrechte und Islam – ein Kulturkampf?,* Wien, Passagen 2012

HILLEBRAND, Uwe: *Warum glaubst du noch?* Berlin, Teia, 3. Aufl. 2011

HITCHENS, Christopher: *Der Herr ist kein Hirte,* München, Heyne 2009

KÖSTER, Barbara: *Der missverstandene Koran,* Berlin/Tübingen, Hans Schiler 2010

KAHL, Joachim: *Weltlicher Humanismus,* Berlin, LIT 2009

KRAUSS, Hartmut: *Der Islam als grund- und menschenrechtswidrige Weltanschauung,* Osnabrück, Hintergrund 2013

KUBITZA, Heinz-Werner: *Der Jesuswahn,* Marburg, Tectum, 2. Aufl. 2011

LEHNERT, Uwe: *Warum ich kein Christ sein will,* Berlin, Teia, 4. Aufl.2011

LEMU, Aisha B., GRIMM Fatima: *Frau und Familienleben im Islam,* Schriftenreihe des Islamischen Zentrums München Nr. 20, 1996

LIEDHEGENER, Antonius, WERKNER, Ines-Jacqueline (Hrsg.): *Religion, Menschenrechte und Menschenrechtspolitik,* Wiesbaden, Springer VS 2010

LLOSA, Mario Vargas: *Alles Boulevard,* Berlin, Suhrkamp 2013

LÜDEMANN, Gerd: *Altes Testament und christliche Kirche,* Hannover, zu Klampen 2006

LÜTZ, Manfred: *Der blockierte Riese,* München, Pattloch 2014

MYNAREK, Hubertus: *Luther ohne Mythos,* Freiburg, Ahriman, 2. Aufl. 2012

MYNAREK, Hubertus: *Der polnische Papst,* Freiburg, Ahriman 2005

NIETZSCHE, Friedrich: *Menschliches, Allzumenschliches,* München, dtv, 4. Aufl. 2008

NIETZSCHE, Friedrich: *Der Antichrist,* Frankfurt a.M., Insel, 16. Aufl. 2012

ONFRAY, Michel: *Wir brauchen keinen Gott,* München, Piper 2006
ONFRAY, Michel: *Anti Freud,* München, Knaus 2011
RANKE-HEINEMANN, Uta: *Eunuchen für das Himmelreich,* aktual. Taschenbuchausgabe, München, Heyne, 4. Aufl. 2008
RANKE-HEINEMANN, Uta: *Nein und Amen,* ergänzte Taschenbuchausgabe, München, Heyne, 9. Aufl. 2011
RATZINGER, Joseph: *Jesus von Nazareth – Erster Teil,* Freiburg i. Br., Herder 2007
REIK, Theodor: *Die Pubertätsriten der Wilden,* Freiburg, Ahriman, 2. Aufl. 2010
ROBINSON, Geoffrey: *Macht, Sexualität und die katholische Kirche,* Oberursel, Politik-Forum, 2010
RUSSELL, Bertrand: *Philosophie des Abendlandes,* München, Piper, 7. Aufl. 2011
SCHIRRMACHER, Christine, SPULER-STEGEMANN, Ursula: *Frauen und die Scharia,* München, Goldmann, 2. Aufl. 2006
SCHMIDT-SALOMON, Michael: *Manifest des evolutionären Humanismus,* Aschaffenburg, Alibri, 2. Aufl. 2006
SCHMIDT-SALOMON, Michael: *Jenseits von Gut und Böse,* München, Piper 2012
SCHMIDT-SALOMON, Michael: *Keine Macht den Doofen,* München, Piper, 4. Aufl. 2012
SCHMIDT-SALOMON, Michael: *Hoffnung Mensch,* München, Piper 2014
SLOTERDIJK, Peter: *Zorn und Zeit,* Frankfurt a.M., Suhrkamp 2008
STEINACHER, Gerald: *Nazis auf der Flucht,* Frankfurt a.M., Fischer 2010
STEINBACH, Kerstin: *Rückblick auf den Feminismus,* Freiburg, Ahriman 2012
WITTINGER, Michaela: *Christentum, Islam, Recht und Menschenrechte,* Wiesbaden, Springer VS 2008

ZIEBERTZ, Hans-Georg (Hg.): *Menschenrechte, Christentum und Islam*, Berlin, LIT 2010

DIE VERWENDETE BIBELÜBERSETZUNG:
Die Bibel in der Einheitsübersetzung in:
www.uibk.ac.at/theol/leseraum/bibel

DIE VERWENDETEN KORAN-AUSGABEN:
Der Koran – Das heilige Buch des Islam, nach der Übertragung von Ludwig Ullmann, neu bearbeitet und erläutert von L.W. Winter, München, Goldmann 1959

Anm.: Die Verse dieser Übersetzung haben eine um die Zahl 1 höhere Vers-Zahl als andere Koran-Ausgaben (außer bei Sure 9, da hier die sonst in allen Suren übliche Einleitung: „Im Namen Allahs, des Allbarmherzigen!" fehlt, die im Gegensatz zu anderen Übersetzungen aber hier jeweils als erster Vers gezählt wird).

Die Bedeutung des Korans, B. 1, München, Bavaria 1997

Internet- und Zeitungsquellen werden in den Fußnoten vermerkt.

Die Allgemeine Erklärung der Menschenrechte unter:
http://quellen. geschichte-schweiz.ch/allgemeine-erklarung-menschenrechte-uno-1948.html

„Die hier vorgelegte deutsche Übersetzung der *Allgemeinen Erklärung der Menschenrechte* hat keinerlei offiziellen Charakter. Entsprechend dem Geist der AEMR wurde eine geschlechtsneutrale deutsche Formulierung gesucht, im Übrigen lehnt sich diese Übersetzung möglichst eng an das englische Original an. Die verwendeten deutschen Begriffe entsprechen der in der Schweiz geläufigen Ausdrucksweise."